常言道：今日是君子，明日是小人。
明智知人交友不參予危及自身的事！

再鐵的交情也要留個底線

方東野　校訂

前言

PREFACE

自古以來，正人君子大多鬥不過勢利小人，小人和君子之間爭鬥的結果，往往是小人獲勝而君子慘敗告終。

從歷史上看，這樣的例子可以說不勝枚舉：岳飛被秦檜陷害而慘死，張九齡被李林甫陷害而終失相位，伍子胥被伯嚭陷害而自刎……忠臣良將、正人君子與奸佞之徒交鋒，敗下陣來的卻常常是前者……難道真是蒼天無眼、老天爺不公平？難道真是在個人能力方面，正人君子不及小人？

其實，很多研究者已經總結了君子敗在小人手裡的原因。比如：君子謀事不謀人，小人謀人不謀事；君子不理會小人，小人則算計君子；君子受社會規則約束，小人則不怕破壞一切；君子有惻隱之心，小人以虐人為快……等等。

世界上千萬種關係中，人與人的關係最為複雜。如何看待一個人，在不同的時期、不同的環境條件下，標準也不相同。這裡面不一定都有是非曲直，也許就只是一種情感利害的問題。

李宗吾曾經寫過一篇文章，叫作「我對於聖人之懷疑」，其中有這樣一段：

小人得志，是因為他有基於生存環境而生出的特殊的智慧，只不過這些智慧缺乏道德的約束，從而游離於社會規範和正常人的見識之外罷了。從李宗吾先生的「厚黑史觀」分析，我們可以十分清楚地瞭解到小人之術的詳細內容。我們姑且把這種智慧叫作「厚黑心術」。

南懷瑾大師在論述蘇秦、張儀時，講了這樣一段話：

蘇秦、張儀當時動機，是以自己個人的功名富貴為出發點，而把整個的列國局面，歷史的時代，在他們兩位同學的手裡擺布了約二三十年。他們並沒有一個中心思想，或政治上的主義。同時也可以說，當時的君主，並不接受任何中心思想或主義，對於道德仁義的中心思想都不管了，只認識利害關係。

中國幾千年歷史，一個亂象，到了戰國的末期、南北朝的末期、五代的末期，仁義道德沒有辦法發揮作用，沒人接受，這是什麼原因？當然有它的道理。譬如《孟子》。孟子不過比蘇秦、張儀早一點點而已，為什麼孟子到處講仁義，到處碰壁？為什麼蘇秦、張儀會那麼吃香？這樣比較就產生兩個觀點：在個人方面，我們就看到了孔子、孟子的偉大。他們對於蘇秦、張儀的這一套不是不懂，他們全懂，可是始終不願意引導人家走上這條路，始終要求人家講基本的德性，並不在乎自己個人當時的榮耀。這是孔、孟個人的了不起。第二點，當時的時代為什麼需要蘇秦、張儀的這一套。這就講到我們本身。我們現在兩副重擔挑在身上，一面要維持自己傳統文化的德業，政治的道德、人倫的道德，承先啟後，這是一副擔子。另一方面是要如何配合這個時代的迫切需要，而這個需要是講利害的，但在利害之中，要灌輸進去我們固有的道德文化思想。

這就是我們今日的處境。是一個非常困難的處境。也許在一兩百年以後的歷史上，會寫我們非常了不起的好處，因為我們今日所挑的擔子，比古人挑的還要重，還要困難。

做英雄難，難在勇氣；做小人也難，既難在智慧，更難在臉皮。英雄是大樹，小人是藤蔓。英雄總是迎風沐浴，歷盡磨難，然而最終能長成參天大樹；小人總是攀援而上，坐享其成。

人在這個世界上，如果以一般正常的手段去對付小人的技倆，那百分百絕對會成為對方的手下敗將，即使推出一個更聰明、更睿智的人士來迎戰，其結果也將敗北之局，那到底為什麼呢？那是因為你自己——千算萬算，就沒算到與人性！從本書所列之史實典故，我們就可以引以為戒，在為人處世方面作為借鏡。

目錄

CONTENTS

ch.3 做人，頭不要抬得太高

ch.4 做事，忍常人之不能忍

ch.5 請鬼拿藥單，藥到命除

ch.6 只管目的，管不了手段

ch.1 會說話的人，會得人心

——小人的天賦就在於能熟練地把謊言和謠言編造得合乎情理。小人的謊話落地有聲，任何一句謊話都有目的性，充滿「智慧」。小人一句話，君子一條命。

1 順著皇帝的意願編織謊言

小人嘴巧，大都伶牙俐齒，練就一副胡吹海侃，富於表現力、穿透力的口才。這種口才使他在權力的夾縫間翻轉騰挪，巧妙周旋。小人的謊話，無非兩個目的：一是牟利，二是害人。刀劍有形，每招每式都可化解；而語言無形，因此無孔不入，穿透力特別強。這就是「巧言」。官場中人不可缺之，也不可不學。

巧言用於：謊言欺騙的場合、謠言惑眾的場合、流言傷人的場合、諛言奉承的場合、詭言激將的場合、虛言敷衍的場合、媚言阿附的場合、甜言諂媚的場合、無言勝似有言的場合。

小人的天賦就在於能熟練地把謊言和謠言編造得合乎情理。他們是一群有本事誘使他人深深諂進謊言和謠言之迷宮而不知回返的能工巧匠。小人的謊話落地有聲，任何一句謊話都有目的性，充滿「智慧」。

小人一句話，君子一條命。因此，與之相處，不可不慎！

李宗吾講過這樣一段話：「我寫《厚黑叢話》，遇著典故不夠用，就杜撰一個來用。人問：何必這樣幹？我說：自有宇宙以來，即應該有這種典故，乃竟無這種典故出現，自是宇宙之罪，我杜撰一個，所以補造化之窮。人說：這類典故，古書中原有之。你書讀少了，宜乎尋不出。我說：此乃典故之罪，非我之罪。典故之最古者，莫如天上之日月，晝夜擺在面前，舉目即見，既是好典故。我寫《厚黑叢話》時，為甚躲在書堆，不會跳出來？既不會跳出，即是死東西。這種死典故，要他何用！」

小人從不圓謊。他們經常吹得「天花亂墜」。就算有一天謊言會被人識破，但他們已經達到了目的；且到那時已是另一種環境，謊言破不破，也影響不到他們了。

裴延齡是唐德宗時掌管財政的大臣。其實，他對財政一竅不通。可為了顯示他有多麼能幹，給德宗皇宗一個好印象，他就任之初，便上書皇帝：「我透過清帳查庫，發現有二十萬貫的錢沒有入帳。請將這筆錢放在另外一個錢庫中貯存起來，以供陛下隨時取用，永無匱乏。」

不久，他又上書道：「朝廷倉庫收藏的錢物多有失落。最近我又發現了一批銀錢，計有十三萬兩，絲綢及其它物品價值一百多萬。這些錢物也都沒有入帳，應當算作結餘，轉移到其它倉庫收藏，以供陛下支用。」

唐德宗本就十分貪財，一得知裴延齡意外地發現這麼多錢物，他那奢侈的欲望便迅速膨脹起來，今日修這個，明日建那個，都伸手朝裴延齡要錢。其實，裴延齡所說的那些意外之財全都是子虛烏有，是他為了炫耀自己能幹，討好皇帝而瞎編出來。可面對皇帝越來越多的索取，他又不敢暴露真情，只好加緊對百姓的勒索和巧取豪奪。

有一次，德宗要建造一所寺廟，需用一根長五十尺的松木而無處可得。

裴延齡立即上奏：「我最近在同州發現一座山谷長滿樹木，大約有數千株，長度都在八十尺左右。

德宗一聽，十分驚異，說：「聽說開元、天寶年間，在附近一帶要找五、六十尺長的樹木而不得，只好到遠方採購，如今怎麼會在近處出現這麼多大樹？」

裴延齡繼續胡侃：「我聽說，賢材、珍寶、異物，只有在國君聖明時才會出現。如今這批樹木生長在京師附近，全因陛下聖明，開元、天寶時候怎麼會有呢！」

其實，哪裡有這些大樹，全是他信口雌黃編出來欺騙皇帝的。當時有人為此指責他愚弄朝廷，如同兒戲。後來，德宗也探知他的虛妄，可是聽了他的謊言，還是很受用。若不是他死得早，還很可能當上宰相哩！

2 說好不說歹，報喜不報憂

謊話怎麼說，才能讓上司高興？甚至擺弄得上司比你還相信它的真實性？這就得認真而仔細地揣摩上司的心理狀態，迎著他的心理需要去撒謊。一旦你的謊言迎合了上司潛意識的渴求，你說謊的目的便可以達到了。

郭松齡是張作霖手下的一名副軍長，在第二次直奉戰爭中，他戰功顯赫，為奉軍的獲勝立下汗馬功勞。但他是個新派人物，很看不慣軍閥部隊內部的一些陳規陋習，時不時進言改革軍隊。這就觸怒了奉系的一些元老，張作霖和親信楊宇霆也對他百般挑剔。這可把郭松齡氣壞了。他於一九二四年11月30日在灤州召開軍事會議，以倡導和平為名，宣布回師奉天，準備兵諫。

張作霖在奉天得到消息，又急又氣。是否帶兵前去征剿？他一時拿不定主意。他身穿便服，懷裡插了兩支手槍，臉色鐵青，兩眼通紅，獨自在書房裡來回踱步。副官和衛兵們站在門外，連個大氣也不敢出。突然，房內傳出張作霖發出的一聲命令：

「傳包瞎子！」

這包瞎子是誰？原來是一個算命賣卦的先生。他其實不全瞎，左眼還能看，但算命要的是瞎子，所以他整天戴副大墨鏡。據說，他當年給張作霖推過「八門」，靈驗得很。所以，張作霖發跡發，每每遇到疑難，總要找他來求個籤，問個卦。就這樣，包瞎子竟也身價百倍，成了「鐵嘴神算」。

包瞎子一進帥府，立即感到氣氛緊張，也沒敢多說話，就將黃緞包袱放在紅木桌子上，解開來，把一大堆刻著「天干地支」的卦子兒擺了起來。

張作霖揮揮手道：「現在沒功夫等你擺弄那些玩藝兒了。抽個籤，問個吉凶禍福吧！」包瞎子連忙雙手捧過籤筒。張作霖虔誠地抽出一支籤。包瞎子接過籤條，念道：「烏雲遮月不長久，桃紅柳綠好風光；關公五關斬六將，誰是烏江楚霸王！」

張作霖聽不懂啥意思，兩眼一瞪：「別文謅謅的啦！快說，是吉是凶？」

這是一條模稜兩可的籤文。包瞎子早摸透了張作霖的心理：只能報喜，不能報憂；只能說好，不能說歹。他也耳聞郭松齡兵諫之事，估計準是為了這個變故，就連忙作了揖道：「大吉大利，上上籤！籤上說，郭松齡是烏雲遮月不會長久，大帥是洪福齊天！」

張作霖一聽，眨巴著兩個眼睛，認為大事不妨，就決定不離開奉天了。

算命先生為了生計，對每一個問凶卜吉的顧客都要揣摩心理，讓你滿意，以便你心甘情願掏腰包。久而久之，他們練就了一身絕妙的捧場功夫。他們有一個屢試不爽的竅門：說好不說歹，報喜不報憂。對付張作霖這種人，就得耍這一手。

袁世凱有個本家兼親信，名叫袁乃寬。此人有一子名為遠瑛，思想比較激進，與革命黨人過往甚密。

得知袁世凱暗中積極準備稱帝，袁瑛非常憤怒，向革命黨人做了彙報：「那些走狗，不顧老百姓死活，忙著籌備大典，已定明年元旦捧袁世凱登基。我雖然也姓袁，卻恥於袁世凱倒行逆施的行徑。若黨人起義討逆，我會從中做點小玩意兒。」

一九一六年1月18日，袁瑛的「小玩意兒」——炸彈，在新華宮裡爆炸。袁世凱僥倖沒被炸死，恐懼中勃然大怒，命令爪牙追究主使者，嚴厲懲處。

偵緝結果，證實此案係袁乃寬之子袁瑛所為。然而，袁瑛已逃離北京。袁世凱火冒三丈，無處可泄，便令左右將袁乃寬召進宮來，不管三七二十一，劈頭蓋臉地把「罪犯」的父親罵了個狗血淋頭：「我做皇帝是天與人歸，天經地義。方今外姓之人尚且上書請願，呈表勸進，為什麼幹出這等大逆不道，企圖加害於我的人偏偏是姓袁的？你袁乃寬怎麼生出那麼個不爭氣的兒子？簡直是丟我們姓袁的臉啊……袁瑛現在逃走了，看在你追隨我多年的份上，我也不多追究了……你好自為之吧！但是，有個條件：以後不准承認袁瑛是你的兒子，也不准他再姓袁！」

袁乃寬知道自己的兒子捅了馬蜂窩，被召進宮時，就已嚇得面若死灰，身如篩糠；待聽到袁世凱如是一說，頓時變懼為喜，腦子一開，立即轉過話來辯解：「袁瑛這小子，根本就不是袁家的後代！他原是個小乞丐，是我看他生得怪體面的，便發了慈悲之心，將他收為養子。他哪配跟咱姓袁的同根哪？唉！都怪為臣白白長了一雙眼睛，沒能看出他的反骨來，真是罪該萬死！罪該萬死！」

袁乃寬有聲有色，頭頭是道地編造了這番謊言，聽得袁世凱怒意漸消，點點頭說：「原來如此……我就說嘛，我們袁家怎麼會生出這等敗類！

3 吳三桂哭陵感軍心

明末，吳三桂引清兵入山海關，在歷史上留下千古罵名。他本是明廷倚之為干城的邊關大將，竟為一個名妓而引清軍入關，最終成為千古罪人。

處於改朝換代大變革的時期，吳三桂一身集中了許多矛盾。明朝的遺老遺少罵他是大奸臣，李自成的農民軍罵他是「清狗」，文人罵他是「邊關易幟為女色」，滿清貴族也不信任他。他幫滿清奪了天下後，被打發到偏僻的雲南當藩王。後來又被滿清皇帝撤藩，逼得他造反稱帝。

吳三桂很擅於耍奸使謀。血染沙場，他從未流下一滴淚水；待他起兵反清，祭奠明朝皇陵時，卻放聲痛哭。當時他雖然兵強馬壯，和比他更強大的滿清抗爭，取勝的把握卻十分渺茫，而且「師出無名」，得不到天下百姓的擁護。他到底不是一介武夫，堪稱老謀深算，終於找到一個冠冕堂皇的理由：為恢復大明江山而起兵。

此舉頗令人費解。如果不背叛明朝，引清兵入關，這漢人的江山會落入異族入手嗎？現在清朝已經平定天下，又何以重打「明朝」旗幟？其實，他這是明修棧道，暗渡陳倉。他背叛清朝，完全是為了自己。只因為了師出有名，利用漢人及明朝遺老遺少的反清情緒，遂玩出這套把戲。

空打死人的旗幟，而不做出實際行動，必然徒勞無功。所以，他選擇了「哭」，用哭表達他為明朝收復河山的決心。他率三軍到明朝永曆皇帝的墳前祭拜，向已死之人宣誓忠心，然後率師北伐。

在永曆陵前，吳三桂對諸將說：「諸位將官，我們都是食明朝俸祿的軍人。現在清狗吞併了我大明江山，身為前明的臣子，我們不為先帝復仇，枉為明朝軍人！」

此刻自稱是明朝的臣子，那他十多年前為什麼不為明朝效力呢？他為自己辯解道：「從前闖賊入京，都城難保，吳某為了保存實力，伺機光復河山，不得已假降清狗。如今我決心為先帝復仇，將滿清韃子打回關外。我們要拜別已故的君主，應當穿明朝的衣服。」他指著自己的頭：「這不是我明朝的帽子，」又指著身子：「這也不是我明朝的衣服。現在我們大家易服祭故君吧！」

吳三掛脫掉清朝的服裝，改穿明朝的漢服，而且重新蓄髮，標誌著他將同滿清徹底決裂。這一招果然奏效，贏得一些明朝故將的擁戴。

他對死人哭得死去活來，真的動了真情嗎？當然不是。因為他哭的這個死人就是他親自擒獲；為了斬草除根，向清庭邀寵，又是他親自下令祕密處死的。而十三年後，他卻在自己親手殺掉的死人墳前痛哭流涕，這不是天大的笑話嗎？

這個明朝的千古罪人，他降清並為之拼殺了大半生，以犧牲千千萬萬的明朝士兵和漢族百姓為代價，換取了「平西王」的王冠，獲得了鎮守一方的王侯稱號，換來了奢侈榮華的糜爛生活。既然以千古唾罵換來了榮華富貴，他當然希望永享萬代。但官場如戲場，你方唱罷我登場。清康熙羽毛豐滿之滿，一紙撤藩的詔書，打碎了他的美夢。這樣一來，他失去了王侯的稱號，失去了榮華富貴，帶著妻兒老少，兩手空空地回到荒涼閉塞的關外，命運將會如何？殘生能保嗎？妻兒後代的生命能安全嗎？

吳三桂哭死了，是對他降清後的所為進行辯護。當然，他絕不是為過去的行為懺悔，更不是「覺今是而昨非」。他在自己親手殺掉的永曆帝墳前痛哭，不是後悔，也不是什麼良心發現。他的淚水並不是正義之淚，那無法抑制的眼淚是企圖洗掉世人對他的鄙視，是為自己欠下明朝的血債而做的掩護。

這一哭確實哭得高明，竟牽動了三軍的民族感情。他們也痛恨康熙不守信義，剝奪了自己應得的東西。這時候，誰還去想十三年前永曆是死在誰的手裡？

統帥一哭，三軍同悲，哭聲如雷。吳三桂的哭功比劉備有過之而無不及。他這麼一哭，幾十萬士兵就與他同心同德，舉起了反清大旗。

4 和珅機靈乖巧，得乾隆心

一般來說，當官者很忌諱招搖炫耀。但招搖炫耀用得好，也能起到了意想不到的好處。

清朝的乾隆皇帝愛新覺羅．弘曆在中國歷史上赫赫有名，文治武功彪炳史冊，他開創了大清帝國的全盛之世。但在他的後朝統治中，清帝國走上了下坡路，由全盛局面逐步進入衰落期。而在這個由盛轉衰的過程中，人稱「乾隆朝第一權臣」的和珅專權亂政、禍國殃民，起了不可忽視的重要作用。

乾隆四十年（一七七五年），是和珅一生的轉捩點。這一年，和珅巧逢機緣，得見天顏，奏對稱旨，甚中上意，從此攀龍附鳳，飛黃騰達。這種突然的時來運轉，連他自己也未曾料到。

一日，乾隆大駕將出，倉卒間竟不見黃龍傘蓋。乾隆大發脾氣，怒問道：「是誰之過也？」皇帝發怒，非同小可。一時間，群臣瞠目相向，不知所措。和珅卻應聲答道：「典守者不得辭其責！」他聲音洪亮，口齒清晰，發語乾脆。

乾隆聞言一愣。循聲望去，只見說話之人儀態俊雅，氣質不凡，更為驚異，歎道：「若輩中安得此人！」問其出身，知是官學生。雖學歷不高，畢竟乃讀書人出身。這在侍衛中，已屬鳳毛麟角。

一次偶然的機遇，便這樣為和珅鋪平了升遷之路。耐人尋味的是，和珅登上政治舞臺之前的第一聲叫喊，便是整人之語。倉卒間一時未能找到黃龍傘蓋，本為小事，他卻小題大作，以義正辭嚴的架勢指責起典守者來。

「典守者不得辭其責。」一語雙關，不僅是對「典守者」的指控，也有自薦己能的含義。和珅在乾隆面前的第一次亮相，便已表現出狡猾的品性，露出踩著他人肩膀往上爬的端倪。可惜，此時的乾隆對此已不可能有所覺察。過了幾十年天皇老子的生活，他早已充滿虛驕之氣，對一些生活瑣事變得更加挑剔。可能和珅對此已先有所聞，因而不敢於放膽而言。

「巧言令色，鮮矣仁。」熟讀四書五經的乾隆當不會不知孔夫子的此類教誡。按照傳統的看法，和珅的「矯捷異常」本非什麼好兆頭，可乾隆恰恰欣賞這一類人。這也正是和珅後來專寵擅權的客觀條件。

和珅自從蒙皇帝賞識，很快青雲直上，連連升遷。他雖然既無資望，又無治國的才幹，卻有一套遠非他人可比的特殊本事，即長於揣摩窺測，諂媚逢迎，玩弄權術。

此等人雖不堪治國，卻善為身謀。

乾隆雖稱「英明老練」，但在其統治後期，隨著年事日高，驕心暮氣日漸滋長。他曾自詡建立了「十全武功」（後來還自稱為「十全老人」），認為歷代帝王都不能與自己相比。前期的一些成就，後來幾乎都成了他自我陶醉的資本。這樣，他早年本就浮現的驕傲和揮霍傾向，後期更趨嚴重。他好大喜功，喜諛惡諫，貪財好貨，愛擺闊氣。

和珅正是在準確地揣摩乾隆心理意向的基礎上，投其所好，曲意迎合，終至取得乾隆的歡心和寵任，並一直保持到乾隆生命終結之日。

乾隆四十六年，乾隆意欲增兵，為此徵詢軍機大臣阿桂的意見。阿桂諫止：「國家經費，驟加不覺甚多，歲支則難為繼。此項經費歲增三百萬，統計二十餘年，即須用七千萬兩。」他請求不再增兵。這意見本來很有道理，但和珅因深知帝必欲增兵，故與阿桂大唱反調，極力贊成之，因而大得乾隆歡心。

乾隆喜歡遊山玩水，和珅便極力迎合誘導之。他為皇帝監造龍舟，窮極華麗；巡遊江南，鋪張備至，揮霍銀錢無數，興師動眾，勞民傷財。乾隆玩得很盡興。

和珅親自籌備乾隆七旬、八旬兩次萬壽慶典和千叟宴，規模盛大。為了備辦貢品，「督撫取之屬員，屬員必取之百姓」，給百姓帶來很大的騷擾和痛苦，卻使得乾隆大為開心。

和珅利用手中掌握的戶部尚書、崇文門稅務監督等權力盤剝商民，將勒索所得解送內庫，供乾隆任情糜費。皇帝恣意揮霍，不乏財源，對和珅所出之力深為感念。

自己的行為會給國家帶來什麼影響，和珅是不會考慮的。只要能贏取皇帝歡心，給自己帶來好處，他什麼事都肯幹，什麼手段都肯使。

和珅已經做了軍機大臣，卻仍像當年擔任皇帝的近身侍從那樣，對乾隆的生活起居照樣關心並親預其事，無微不至，備極殷勤。「皇帝若有咳唾之時，和珅以溺器進之。」「言不稱臣，必曰奴才，隨旨使令，殆同皂隸。」他本就相貌俊雅，口齒伶俐，其諂笑奉迎之態，定當甜蜜可人。這對於已具老年心境的乾隆來說，其感化力量可想而知。和珅的悅耳之言、悅目之態，給這位老人帶來了莫大的撫慰，從而不僅在政治上，生活上也越來越離不開這佞臣了。

和珅本來機靈乖巧，再加上長期對乾隆細心觀察、研究，因而他對皇帝心理的揣測已幾乎達到細緻入微，出神入化的程度。

5 話要說到心坎上

清朝大員李鴻章的夫人50歲生辰快到了，滿朝文武大臣都準備前去祝壽。消息傳到合肥知縣耳中。他也想去，因為李鴻章是合肥人。可仔細一想，知縣又發愁了：我這七品知縣能送多少禮？少了，等於不送；多了，送不起。思來想去，拿不定主意，於是請來師爺商量。

師爺說：「這事容易！一兩銀子也不用，保你的禮最受注目，列於他人之上。」

知縣聽說一兩銀子也不用，自然高興。可回頭一想，天下哪有這般好事，急問道：「送何東西？」

「一副普通的壽聯即可。」師爺答道。

知縣聽罷直搖頭。

師爺忙說：「這一送，包大人從此飛黃騰達。不過，這壽聯必須由我來寫，大人親自送上，請中堂大人過目，不能疏忽。」

知縣滿口答應。

第二天，知縣帶著師爺寫好的壽聯上了路。他晝夜兼程，趕到京城。祝壽之日，他通報姓名，進入中堂府邸，走到李鴻章面前，跪稟道：「卑職合肥知縣，受人之托，前來給夫人祝壽！」

李鴻章隨口應了一聲，叫他起來。知縣站起身，急忙拿出壽聯，將上聯先打開。李鴻章一看，那上面寫的是：

三月庚辰之前五十大壽

李鴻章心想：夫人二月過生日，他寫了「三月庚辰之前」，還算聰明。正想著，知縣又「嘩啦」一聲，打開了下聯，只見下聯寫著：

兩宮太后以下一品夫人

「兩宮」指當時的慈安、慈禧兩個太后。李鴻章見「兩宮」字樣，不由得跪了下來。然後，他命家人擺開香案，將此聯掛在《磨菇上壽圖》兩邊。

這副壽聯，深得李鴻章賞識。這位知縣也果真因此官運亨通，飛黃騰達。

6 讓上司為自己說好話

同樣的話，出自不同人之口，效果自然有所不同。故有所謂「一言九鼎」、「職微言輕」的不同說法。所以，要達到一定的目的，只是自己「巧言」還不行，還須利用某些機會，使用一些手段，讓說話管用的人幫你說出你想表達的意思。這是巧言辯護的另一種方式。袁世凱堪稱此中高手。

中日甲午戰爭之後，舊式清兵一敗塗地，清政府決意用新法編練陸軍。

早在一八九四年冬，清政府已命長蘆鹽運使在天津小站招募丁壯，訓練新軍，名「定武軍」。聽到朝廷的計畫，這鹽運使籌算著要把新軍督辦的職務弄到手。為此，他聘請了一個對新法和訓練都在行的寧波人王宛生為助手，制定了練習辦法，呈交京師督辦軍務處大臣恭親王、慶親王和滿族親貴榮祿過目審批。

這時，袁世凱剛從朝鮮回國。得知上述消息，為了奪取新軍督辦的職務，他不惜花重金收買王宛生，並與之結為金蘭。接著，又花錢讓京師名妓沈四寶、花媚卿、花寶琴、林桂笙、賽金花等人輪番向王宛生進行女色「轟炸」。

三招兩式，王宛生即被軟化，便將為鹽運使制定的編練新軍計畫潤色、渲染、補充後交給袁世凱。

對於練兵之道，袁世凱本是外行。得到王宛生修改後的練兵計畫，他如獲至寶，朝夕朗讀，銘記要點，不久就滾瓜爛熟。然後，他又親自謄抄一道，呈給榮祿。

榮祿有些詫異：「這小子什麼時候學的練兵之法？」遂逐條細問。出乎他意料之外，袁世凱講解詳盡，對答如流。榮祿非常滿意，認定袁世凱乃難得之練兵人才，遂帶他一同晉見恭、慶兩親王。

兩親王經過一番考問，對袁世凱評價極高，認為他的回答高明而詳盡，加之官話講得流利，於是，將他的練兵計畫呈報軍務處。軍務處認為「甚屬周妥」，即於12月8日舉薦袁世凱接統定武軍，並指令其擴編改建。袁世凱接練新軍後，將定武軍士兵計四千七百五十人擴充為七千人，改名為「新建陸軍」。

小站練兵，袁世凱「恩威並用」，制定了「軍律二十條」。其中斬首之罪就有十八條，士卒大受其苦。時任監察御使的胡景桂以此參劾他「嗜殺擅權」、「誅戮無辜」、「剋扣軍餉」等罪狀。清廷收到奏摺，立即派督辦軍務處大臣、兵部尚書、大學士榮祿前往查辦。

袁世凱初聞有人向上參了他一本，整天心神恍惚，提心吊膽。可一聽到奉命查辦的是榮祿，立刻轉憂為喜。待榮祿攜其幕僚陳龍等人一行到達小站，袁世凱一聲令下，七千名新建陸軍齊刷刷跪拜迎接，然後再行操練。

榮祿非常高興，又見陸軍整肅精壯、士氣昂然，對袁世凱的賞識更進一層，隨口問身旁的隨員：「新建陸軍與舊軍比較，如何？」

隨員回答：「舊軍誠不免暮氣，新軍參用西法，生面獨開。」

榮祿點頭稱讚道：「你說得對。這個人必須保全，以策後效。」

回京之後，榮祿讓祕書起草奏稿。祕書以袁世凱確實擅殺營門外賣菜的老百姓，胡景桂所參各條僅有輕重出入，提議將此案下部議處。

榮祿大搖其頭：「一經部議，最輕也要將袁世凱撤職，新建陸軍剛剛成立，難保不會鬧事。不如啟奏皇上寬大處置，仍舊令他認真操練新軍，以勵將來。」

最後，榮祿以胡景桂所奏「經查均無實據，應請勿庸置議」，把袁世凱種種罪行一筆勾銷。不僅如此，反而著實誇袁一番，說他「血性耐勞，勇於任事」，是個「不可多得」的將領。

讓上司為自己說好話，使袁世凱逃脫官場一劫。

袁世凱編練新建陸軍後，威勢日增。這引起了一部分滿清貴冑的嫉妒和猜忌，議論說，「袁世凱腦後有反骨」，「他日出賣康梁及皇帝，來日必反大清，此人不可重用」等等。

類似的話很快傳到慈禧耳裡。這位老婦人也逐漸對袁世凱不放心了。終於，有一天，老婦人按捺不住，密令奕劻的兒子載振去天津察視袁世凱的動向。

袁世凱在京城的眼線偵知這一消息，立即飛馬報告。鑑於慶親王奕劻父子愛錢如命、好色成性的特點，袁世凱投其所好，命部下用重金雇用很高級的妓女前來服侍載振，做好了賄賂戴振的一切準備。

載振來到天津之後，天天都是山珍海味、歌舞聲聲、酒香滿懷，其樂無窮，哪還有「閒時」去管其它？

轉眼到了載振回京覆命之時，袁世凱又以重金、珍寶相送，口裡還說：「大人一部辛苦，來到小站，招待不周，望大人海涵！區區薄禮，還望不要嫌棄！」

載振天津之行心滿意足，對袁世凱自然極為賞識。

回到北京，載振晉見慈禧，向她覆命道：「根據奴才所見，袁世凱是忠心耿耿的人。他每天晚上都燒香叩頭，祝禱老佛爺萬壽無疆！」

從此，慈禧對袁世凱深信不疑，把他當成心腹大將。

袁世凱的官升得更快了。

袁世凱以金錢、美女軟化了前來察看的上司，讓他為自己辯護，又渡過了一次劫難。

7 話說一半，點到為止

只講表面現象，不做實質結論；「千呼萬喚始出來，猶抱琵琶半遮面。」吞吞吐吐，似有難言不隱；似隱卻露，故做弦外之音。關鍵性的內容不明言，卻有意做出強烈的暗示，使聞者不難從中辯識話中之「話」，弦外之「音」，自行得出合乎邏輯的結論。

此類手段的「妙處」在於：言者未曾明言，便可不承擔明言的責任；未做結論，便無強加於人之嫌；而他所要表達的關鍵內容已盡為聞者所知，如此這般之下，其目的已然達到。

中國古代歷史上，撥弄「弦外之音」者大有人在。

唐玄宗在位期間，曾發生一場廢立太子之爭。受寵的武惠妃極力構陷太子李成，企圖以自己的親生兒子取而代之。玄宗聽信了讒言，召集眾臣會議，打算廢掉太子。

正直的宰相張九齡從穩定政局和維護禮法的角度出發，反對更儲，並明確表示：

「陛下必欲為此，臣不敢奉詔。」

奸相李林甫則當眾「無所言」，退朝後卻暗地裡透過宦官，轉告玄宗：「此主上家事，何必問外人？」

此番話雖然沒有直接針對更儲問題做出明確的表態，但其所暗示的弦外之音十分明顯：既間接表明了他迎合玄宗和武惠妃，贊同廢掉太子的態度，又影射攻擊了政敵張九齡「干預」君主的「家事」。

阮元是清代著名的古文學家，學問精深，有多種著作，也深受朝廷信任，但遭到曹振鏞的嫉妒。阮元與曹振鏞都是清乾隆朝進士，且同為歷事乾隆、嘉慶、道光三朝的元老重臣。但曹振鏞對阮元心存疑忌，一直尋找機會排斥他。

一次，道光與曹振鏞偶然談及阮元，問曹振鏞：「阮元年輕時中進士，剛及壯年就升至二品高官，後來又歷任封疆大吏，鎮撫一方達三十餘年，他是靠著什麼過人的本領，竟然能取得這樣的成績？」

曹振鏞聽後，覺得這是天賜良機，便裝出一副十分真誠又佩服的樣子說：「阮元的才能，皇上可能還有所不知。他之所以得意於仕途，一帆風順，步步高升，原因就在於他對琴、棋、書、畫皆擅長，無所不通，其中又以學問見長。」

道光又問：「阮元長年做官，哪有時間研究學問，何以以學問見長？」

曹振鏞回答：「阮元現任雲貴總督，當地百業待興，政務繁忙，若是其他督撫，必會忙得廢寢忘食，焦頭爛額，決無時間研究學問。但阮元不然。他愛好行文，每天都在總督衙署與一班文人學士談論文章，考據古籍，夜以繼日，孜孜不倦，是以他的學問尤好。」

曹振鏞深知道光非常厭惡封疆大吏不事公務，卻談詩論道，是以言中表面上稱讚，實際上卻是重重地「參了一本」。道光聽後，沈默不語。

不久，阮元被召回京城，調為有名無實的大學士，不再受到重用了。

8 不怕千招會，就怕一招絕

當小人耿耿於位卑身微而謀求攀附的資本時，他可能會憑著頑強的毅力、執著的精神，去掌握一技之長，以之作為敲門的磚石。由於專注程度的不同，一般人即便掌握一技，可能僅是熟練，而小人卻可以將其操練到極為精湛。

歷史上許多小人往往也是人才，憑著他們的專長，不必費盡心機，一樣可以安身立命，只不過特殊的內質使他們不可能採取這種正常的生活方式罷了。小人對自己的一技之長非常重視。

明代有「餓殍首輔」之稱的嚴嵩，因為文章寫得好，就飛黃騰達了。

嚴嵩，成化年間生於江西一戶破落的詩書之家。父親是個屢試不第的秀才，終生鬱鬱不得志，因此把希望全都寄託在他身上，幼年時代即嚴格督導他讀詩誦經。

少年時代，嚴嵩因生性聰穎，在父親調教下，四歲時已能背誦《三字經》、《千字文》。六歲時進入私塾，表現出超人的聰慧和記憶力，讀書幾乎過目成誦，寫文章也是立意新穎，文筆暢達，小小年紀即粗通經史。

或許是從父親淒涼的一生中汲取了某種警示，當時他就懂得：熟讀詩書，將來考取功名以求飛黃騰達，是他人生必然的道路。因此，他一直勤奮求學，不敢有絲毫懈怠。十六歲那年，嚴嵩中了頭名秀才。弘治十八年（一五〇五年），又順利考中進士，並憑著一手漂亮的文章和書法，進入翰林院，成為繼續深造的庶吉士。不久，又被授為編修。

編修之職，負責編纂、記錄國史、會要等等，責任重大，並沒有什麼實際權力。嚴嵩居官至此，仍無法實現其早年立下的志向，因此鬱鬱寡歡，很快就病倒了。因為久病不癒，已無力承擔編修的職務，皇上准許他歸鄉養病。嚴嵩萬萬沒有想到，他這一走，竟被朝廷遺忘達十年之久。

十年，對每個人的生命來說，都不是短暫、無謂的，更何況是正當壯年的十年。局外人也能夠想像，這十年對嚴嵩而言，意味著怎樣的煎熬，怎樣的悲哀。每一刻、每一秒都在期待著朝廷的召喚，但每一天、每一年的時光又都枉赴東流，對嚴嵩來說，這需要怎樣的忍耐力和承受力！

然而，他並沒有徹底消沈。相反，愈是在這樣的劣勢中，反倒愈發刺激他立誓高跨萬人之上的雄心，激發起他刻苦磨練以備將來的強烈願望。於是，他將自家的一間廂房重新收拾，從早到晚，已是進士的他，又開始了少年人般的苦讀。

十年修習，嚴嵩詩詞文章的水準又另有一番進展，書法和繪畫方面的造詣也日漸精深。

讀書期間，他曾忘情於家鄉的山水，寫下了大量意境清雅的詩作，其中雖偶或流露出拱動難抑的欲望，不容諱言，其中確有一些水準頗高。就是這些在一般人看來沒什麼價值的字句，日後為他帶來亨通的官運。

嚴嵩被重授南京翰林院侍講之後，在陪都南京度過了二十年的仕宦生涯。雖然已是南部最有權勢的人物，但他猶不滿足，渴望進京發展。

嘉靖十五年（一五三六年），嚴嵩藉進京之機，以同鄉為由，攀附朝廷中當紅的禮部尚書夏言，向夏言出示自己從前所寫的詩文。素有才情的夏言被他的詩文觸動，很快答應為他留京一事盡力周旋。不久，五十六歲的嚴嵩終於以禮部尚書兼翰林大學士的身分轉駐北京。

在日後一步步向上攀授的仕途之中，嚴嵩往時刻苦研讀所打下的深厚功底起到了難以估量的作用。五十八歲時撰成的《慶雲賦》和《大禮告成賦》，詞藻華美，氣勢恢宏，阿諛素來喜愛文學的嘉靖皇帝，對其仕途產生了很大的影響。後來，在與夏言爭寵的過程中，他更因「青詞」寫得比夏言好而受到嘉靖的寵愛。可以說，如果沒有在那困頓十年中專注刻苦的磨練，也許就沒有後來官居首輔，威風一時的嚴嵩。

在任何社會，像嚴嵩這樣有才能的人都比常人更有機會受到重視。且不論他們內心是高尚還是卑下，小人對於私欲的執著，養育了自身的一技之長，這使他們在攀援的過程中具備了更雄厚的資本，增加了更多的選擇，強化了競爭的優勢。小人卑劣的一面倘不顯露，那麼他的才能往往還是很能觸動人心。

這樣說來，小人實在難防，任人唯才的選拔方式終不足取；對全面素質的衡量才是選才的佳策。而對於正常人而言，人格健全，且有一技之長，那麼除非真個生不逢時，他在社會中理應能夠有所作為。關鍵是人格健全的人數不勝數，真正有超乎尋常之技能的卻為數不多。

9 伯嚭譭謗伍子胥

公元前四八四年，吳王夫差為了穩當霸主，以援魯為名，討伐齊國。吳子胥極力勸止。吳王不聽，發兵攻齊，在艾陵擊敗齊軍。回國之後，他責斥伍子胥，令其以後不得亂日干涉。伍子胥忠貞抗言：「大王用不著高興！即使攻破齊國，得到的只是一塊石板之田，連莊稼也不能種植。而越國位居吳國之南，利害相關，吳不滅越，則越必滅吳。」

伯嚭得悉，便向吳王讒譭伍子胥：「伍員這人貌似忠心，實質上是殘刻之人。他連父親兄長都不憐惜，父召不往，坐觀父斃，怎可能顧惜大王？大王上次要攻打齊國，伍員堅決反對。後來取得了勝利，他反而因此心懷怨恨。大王如果不嚴加防範，他肯定會密謀為亂。」

夫差雖然沒有完全相信伯嚭的話，但伍子胥頻繁的反對和強顏進諫，已使他大感厭煩、不滿。他要擺脫伍子胥的糾纏，使耳邊能夠清靜些。

這時，伯嚭出策，讓夫差派遣伍子胥出使齊國。他替吳王寫了一封信，叫伍子胥送往齊國。信中全是侮謾之語、責備之詞，列舉齊國欺魯慢吳之罪。目的是激怒齊侯，借他人之手，誅殺自己的對頭。

伍子胥已料到吳國必被越國所滅，因為他看到夫差聽信讒言，寵幸奸佞，排擠忠良，陰謀邪惡之人聚攏左右。所以，他乘出使齊國之機，將兒子伍封帶到齊國，託付給自己的朋友齊國大夫鮑氏。齊侯知道伍子胥不主張伐齊，伍子胥在齊國也不以強國的使臣自居，而且提議齊國想法與吳修好，以免交戰，所以對伍子胥以禮相待，送他歸吳，提醒他加意防備奸詐之徒伯嚭。

伯嚭看到伍子胥平安歸來，他的借刀殺人之計沒有得逞，又在夫差面前妄語搆陷：「大王可要小心，莫中了伍員的暗算。據我看，其罪有三：出使齊國，寄子於齊，必是外結諸侯，圖謀不軌，此其一；伍員自以為是先王的謀臣，以功臣自居，常恃功犯上，此其二；大王伐齊得勝，伍員恥其計謀不用，必怨恨大王，此其三。三者有其一，罪已不容赦。望大王深思！」

吳王聽說伍子胥把自己的兒子託付齊國，大怒，命人送去一把寶劍，要他自殺。伍子胥自刎身亡之後，夫差把吳國大政交給了伯嚭。

伯嚭從一個喪家犬到爬上太宰的高位，靠的是忘恩負義，造謠中傷。當然，也怪伍子胥當初沒有認清這個包藏禍心的奸賊。

公元前四七三年，越軍攻進吳國都城。吳王被逼上姑蘇之山，自刎而死。伯嚭看到吳國大勢已去，就在第一時間領頭投降了。他以為勾踐定能念及昔日庇護關照之恩，對他日官進爵。

勾踐心想：這個貪錢財、戀女色的小人，以怨報德、賣主求榮的傢伙，我絕不能留在身邊。他對伯嚭說：「你是吳國太宰，我不敢收你做臣下，你還是追隨你的君王去吧！」伯嚭又羞又慚，退出堂外。

勾踐立即命令身邊的衛士殺死他，結束了他罪惡的一生。

10 「小報告」起大作用

孔子說：「君子訥於言而每於行。」言外之意：說了卻做不到，是可恥的。老子說：「輕諾必寡信。」所以，君子應言出必行，一言九鼎。

曾子的太太要出門辦事，因小孩哭個不停，就哄他說：「別哭了！娘回來後，殺豬給你吃。」待她回來，曾子就去殺豬。太太趕緊阻止：「和小孩子隨便說的，怎麼當真了？」曾子說：「小孩子正在學做人，你現在騙他，就是教他欺人，這不是教育的正道。」隨即把豬殺了。

信口開河，浮言躁語，會使人成為語言的奴僕。為了使那些說出口，卻沒什麼意義的話立得住，要費很大的力氣。曾子那答應孩子殺豬太太之所言就是如此。

需知，小人最愛搬弄是非，故意散布虛假的信息，用謠言製造氣氛，繪聲繪色地謊報敵情，進獻歪門邪道以擾亂上司的視聽，使他以忠為奸，難以做出正確的判斷與決策，誤信讒言，打擊忠良。

通常情況下，「小報告」都是虛假不實的，弄虛作假是「小報告」的基本特徵之一，其表現形式多種多樣：無中生有，故意捏造；信口開河，缺乏事實根據；以假充真，以偏概全，以一真掩九假。

唐代天寶時期，詩人李白因才華橫溢，受到玄宗皇帝和楊貴妃的賞識，成了長安城中第一紅人。李白不僅在皇帝面前受寵，許多王公大臣也常請他飲酒、觀舞，還怕他不賞臉。這大詩人紅得發紫，本來同別人無干，卻氣壞了大太監高力士。他在玄宗面前原本很受寵，李白一來，他就顯得不那麼重要了。高力士妒忌之氣油然而生，每天都在想著如何將李白趕出長安。

有一次，渤海國派使者來到長安。滿朝文武都識不出他所帶的國書寫了此什麼，唯獨李白能夠誦讀如流。玄宗大喜，命李白草擬一份詔書。李白回稟說：「請陛下賜臣無畏，臣神旺氣足，方能盡己所能。」玄宗說：「你就隨便一點無妨。」

李白摘掉帽子，脫下皮袍，一邊構思，一邊抬腿要上御榻，這才發現鞋子還沒脫。他怕弄髒了剛洗淨的雙手。剛好，這時候高力士站在下首。李白便請高力士幫他脫靴。玄宗笑著點頭同意。高力士不敢違背旨意，忍氣吞聲，幫李白脫下靴子。

不過喝一盞茶的功夫，李白便寫就了詔書。玄宗一看，堂皇氣派，字字珠璣。他龍顏大悅，決定第二天早朝時封李白為中書舍人，專門讓他司掌詔命，代草皇言。

唐玄宗欣賞李白的才華，想將他留在身邊。下朝後回到宮中，他徵求高力士的意見。高力士抓住這個機會，進讒道：「陛下用人，微臣不敢評論。但陛下問臣的意見，臣又不敢不說。中書舍人有四忌；一忌洩漏，二忌拖延遲緩，三忌失誤，四忌忘性。嗜酒者恐怕難以勝任這個職位。」話說得很圓滑，卻動搖了玄宗封李白做中書舍人的決心。於是，這件事就擱置下來。

但是，高力士並不止於此，脫靴之恨仍未在他心中平息。他又跑到楊貴妃面前，大造李白的惡言：「我原以為娘娘對李白恨得要死哩，想不到還這麼喜歡他的詩歌！」楊貴妃趕忙問他何出此言。高力士悄悄地說：「李白以趙飛燕比娘娘，實在是混帳之極！趙飛燕是什麼賤人，她的下場誰不知道！李白將娘娘比作趙飛燕，這不是在貶損、侮辱娘娘嗎？」

經高力士這麼一挑撥，楊貴妃若有所悟。原來，李白醉後奉君命作詩獻給她，詩內有「借問漢宮誰得似？可憐飛燕倚新妝」之句。趙飛燕與宮外男子燕赤鳳私通，楊玉環也與安祿山勾勾搭搭。想到這裡，她開始忌恨起李白來了，此後在玄宗面前說了李白許多壞話。玄宗耳根子軟，由此也對李白疏遠起來。

天寶三年，李白自知不能為小人所容，升遷無望，政治抱負不能施展，便摘下學士帽，脫下宮錦袍，換上隱士巾和平民服，離開了翰林院，揮別了國都長安。

11 見人說人話，見鬼說鬼話

心理學家指出，人與人之間意見、觀點一致時，彼此就會相互肯定。反之，就會相互否定。小人口才好，所說的話卻毫無高深的道理。只不過，他們能夠透過對人心的捉摸、把握，靈活地說出直穿人心的話。小人堅信，只要你順著某人的性子，挑他愛聽的說，什麼問題都可以得到解決。

在什麼人面前說什麼話，首先得揣摩聽話者的喜好，然後儘量迎合他的想法。

戰國時代，蘇秦原是以「連橫」之策遊說秦王，失敗之後才改以「合縱」之謀遊說六國。他就是典型的「見人說人話，見鬼說鬼話」的例子。難怪李宗吾也將他列為一代厚黑之雄。你如不能具備這個本事，就很難與人爭長競短。

戰國縱橫家所進行的遊說活動，大多是為了獵取個人的功名富貴。他們所要打動、說服的對象，是那些可以賜給自己榮華利祿的專制君主。遊說的目的，並不是為了實行什麼政治主張。所以，他們的遊說內容常常因人而易，是在揣摩君主本人意圖的基礎上加以發揮。

戰國時代，商鞅在得到秦孝公重用之前，曾經歷過四次遊說的波折。第一次，說以「帝道」。「語事良久，孝公時時睡，弗聽。」第二次，改以「王道」。雖「益愈，然而未中旨。」第三次的情況大有好轉，「說公以霸道」，「孝公善之而未用。」經過前三次的窺測，試探，第四次果然一舉成功：說以「強國之術」。孝公大悅，「不自知膝之前於席也，語數日不厭。」

四次遊說，商鞅先後提出了「帝道」、「王道」、「霸道」、「強國之術」等不同的政治主張。雖然他本人推崇的並不是「強國之術」，但只要能夠得到君主的賞識，最終他還是以此決定了自己的政治選擇。

12 大嘴一張，吃遍四方

八國聯軍進攻北京時，慈禧太后西逃，宮裡的寶物、陳設被聯軍搶劫一空。事後，太后回來，意欲籌款修復。她召見袁世凱，要他出主意。

於是，袁世凱把手下各級官員叫來，說是要暫時借用他們的私人款項墊修宮殿，以後再陸續歸還。他好話說了一大籮筐，這些人不但不肯出錢，反而一個個哭起窮來。袁世凱對這群鐵公雞厭惡極了，一看明的不成，乾脆來暗的。

他不動聲色，派出親信，到天津幾個大票號，謊稱要把一大筆款子存入。在商議利息時，錢莊掌櫃為了取信存款人，便把帳簿拿出來，並把一些官吏個人的存款數字和利息多少也都說了出來，總數竟達幾百萬兩，來人一一記牢。

袁世凱得報後，胸有成竹，將存款者請到府中，狡猾地說：「你們都沒有存款，窮得很。可是，那些錢莊實在可惡，竟敢冒用你們的名字存款，擾亂金融市場！為了懲戒他們，我已經把那些冒名頂替，敗壞你們名譽的存款暫時借用了。」

存款人啞巴吃黃連，有苦說不出。而袁世凱巧得鉅款，迅速恢復了宮廷內的陳設，討得了慈禧的歡心。

吳佩孚在討伐張作霖以前，為軍費不足而犯愁。忽然，他靈機一動，想到了個妙法。他立即致函邀請一向依附直系的下野軍政大員，要他們「立刻晉京，共商國事」，而且都給予總司令部「顧問」、「諮議」、「參贊」等名目的聘書。

他用的是「香餌懸魚」的計謀。想升官發財，是一般人的普遍心理。接到聘書的人都喜不自勝，皆以為吳佩孚這一舉動真是求賢若渴，與以前黎元洪總統府中的掛名差事，招致多方怨恨，形成鮮明的對照。所以，過去飛黃騰達，發過大財的人，如張英華、潘復、王占元、陳光遠等都爭先恐後，趕到北京赴會，想攀得更大的官。吳佩孚對他們笑臉相迎。

等到一干人都已到齊，他開門見山地說：「諸公來此盛助，子玉（吳佩孚字）不勝感激。實因軍費支絀萬分，敢請各位出來幫忙，代為籌措。子玉以為，每人承擔100萬之數吧！這個數目對在座的各位來說，不過是九牛一毛，但對國家的好處可就太大了。以後戰爭勝利，就發行公儲歸還。幸勿見卻！」

吳佩孚說罷，拱拱手離席而去。那些大財主聽罷，方知受騙，一個個像泄了氣的皮球。但吳佩孚軍權在握，失財固然心痛，小命卻更重要。於是，只好紛紛認捐。

明搶陰奪，橫徵暴斂，竟然也能有「理」有「據」，由此可見會說話的奇妙！

ch.2

製造矛盾，就能製造機會

要成功，靠的是善抓機會。君子經常掂量「機會」道德、是否體面，而後決定取捨。小人可不管這一套，只要有機會，不管它道不道德、體不體面，他一概抓住，絕不放過。

1 從學徒到國務總理

清代人江朝宗可謂拍馬、押寶、推車的好手，拍馬拍得巧，押寶押得準，推車推得賣力。

江朝宗，一八六四年生於安徽旌德。家貧，靠投機鑽營，竟先後擔任過陝西漢中總兵、北京步軍衙門統領、京津警備司令、北洋國務總理。

少年時代，江朝宗在一家典當鋪中當學徒，後逐步熬到「寫票」、「站櫃」。

為了求得發達，他離開典當鋪，投奔臺灣巡撫劉銘傳。劉銘傳看他幹事機靈，又能寫一筆好楷書，就留他在簽押房當了一名書辦——衙門裡繕寫文書的職員。

江朝宗膽大妄為，有一次，將一宗要案祕事透露給淡水知縣，得銀五百兩。事泄後，被押入死牢。

劉銘傳本欲殺他，他跪地苦苦哀求，劉念同鄉之誼，又加上朝廷又剛剛加封他為太子少保銜，一時高興，免了江朝宗的死罪，讓他滾蛋。

江朝宗回到大陸，流落天津，以寫信、寫狀紙為生。後巧遇本家長輩，他謊稱自已在臺灣當了劉銘傳的書辦，但不服水土，辭職回鄉，路遇海盜，被搶劫一空，遂流落到了天津。

這位本家長輩將他推薦給直隸河道綠營參將高孝承。高孝承仍任他為書辦。有了上次的教訓，江朝宗這次十分老實、勤懇，贏得了高參將的讚揚。高參將有一愛女，高不成，低不就，看江朝宗聰明伶俐，善解人意，非要嫁他。高參將拗不過，只得同意。

江朝宗成了高參將的乘龍快婿，十分得意。高參將為他捐了一個過班知縣，加授五品銜。

八國聯軍攻陷天津那年，高參將暴病身亡，所有家產盡為江朝宗所得。

江朝宗掌握了錢財，決定用來為自己打開升官發財之路。

此時恰逢慈禧死去，載灃攝政。載灃罷了袁世凱的官職，改任鐵良為軍機大臣、陸軍部尚書。

鐵良走馬上任，但六鎮新軍不買他的帳，時有越軌之舉。鐵良就設了一個京畿督練公所，以控制新軍。

江朝宗看看時機已到，就帶了厚禮，進京面見鐵良。二人臭味相投，江朝宗又一陣吹捧、讚揚，鐵良更覺飄飄然。然後，江朝宗趁機獻策：「六鎮新軍不聽約束，不如將六鎮分離，在京設稽查處，專司彈壓新軍中犯越軌之行的官兵。袁世此時尚無力與朝廷抗衡，此計宜及早實行。」

鐵良對此議十分賞識，立即下令設稽查處，委派江朝宗為督練公所總參議兼稽查處督辦。

江朝宗由此得志。他每日坐八抬大轎，率領兵士，前呼後擁，沿街巡查。

清朝滅亡，民國建立，袁世凱勢大，親信趙秉鈞任內務總長兼內閣總理。

趙秉鈞是文官，那些武官自視為袁打天下立了戰功，根本不把他放在眼裡。趙為此十分苦惱。

江朝宗描出面見趙秉鈞，晉獻良策：「王士珍、段祺瑞、曹錕一幫武人飛揚跋扈，目中無人，根本不把我們文職官員看在眼裡。這件事如聽任其發展下去，對袁公、對您老都是一大隱憂，應早加控制。」

此話正中趙秉鈞下懷。他見有人自告奮勇出來管事，十分高興，就報告袁世凱，委任江朝宗為步軍統領衙門參謀。袁此時已奪得大權，正要卸磨殺驢，擺布逐漸難以控制的武人，就批准了這個委任。

江朝宗出任步軍統領衙門參謀，仗著袁世凱、趙秉鈞撐腰，在衙門內盛氣凌人，指手畫腳，使步軍統領烏珍十分苦惱，不久竟患精神分裂症，一命嗚呼。

江朝宗輕而易舉地升任步軍統領。

袁世凱死後，黎元洪繼任大總統，段祺瑞任國務總理。黎、段二人水火不容，在對德宣戰問題上發生正面衝突。段被黎免職，卻因此無人敢任國務總理。黎元洪十分苦惱。

這時，江朝宗又自告奮勇，自我推薦：「當此難關，沒有一個人肯出頭幫大總統的忙。戲總要有人唱，朝宗不才，願為大總統分憂解愁。」

黎元洪十分欣慰，當即任命他為內閣總理。

這就是「推車」的意思，在黎元洪無法收拾局面時，幫他一把。但這次推車，車未推上去，江朝宗自己反陷入了泥坑。由於張勳復辟，黎元洪丟了大總統之位，江朝宗也成了平民百姓。

好不容易得來的官又丟了，好不晦氣。江朝宗卻不灰心，決定再押一次寶。

當時北京有個「悟善社」，主持是錢能訓。此人於清末曾任陝西巡撫。江朝宗那時任漢中總兵，兩人有過上下級關係。

江朝宗決定把寶押在錢能訓身上。

為什麼要把寶押在錢能訓身上？因為江朝宗暗自為錢能訓占了一卜，吉語頗多，其中還有「晚霞生輝」之句。於是，他馬上加入「悟善社」，對錢能訓必恭必敬，百般逢迎。

一九一八年10月，徐世昌出任總統，請錢能訓組閣。錢東山再起，果真晚霞生輝。江朝宗的寶押中了。

錢能訓一上臺，就委任江朝宗赴包頭辦理消滅鼠疫事宜。此官不大，但油水多。江朝宗謊報災情，私吞鉅額救災款。

由於輿論譴責，江朝宗只得再次離開政界，當了北京安徽會館的館長。

江朝宗從一個站櫃檯的學徒，一路攀到顯赫的地位，一度出任國務總理，不能不說其拍馬、押寶推車的功夫確實到家。

2 呂不韋居奇貨，掌江山

戰國時代，衛國陽翟人呂不韋是一個很會做買賣的投機商人，平日往來各國做買賣賤買貴賣，積資甚豐。

一日，在趙國京都邯鄲，偶於途中遇見一青年，儀表堂堂，衣著雖然寒酸，卻透出貴冑之氣，不覺暗暗稱奇。

問及旁人，答曰：「此乃秦王太子安國君次子，名叫異人，到本國做人質。因秦兵屢犯境，我王幾欲殺他。得平原君勸諫，謂殺他無益，徒增秦人藉口。今雖免死，卻被軟禁於叢臺，並派大夫公孫乾隨伴左右，出入監守，又不借給經費，出無兼車，用無餘財，簡直與窮人無異。」

呂不韋聞言，歎曰：「此奇貨可居也。」

回去之後，他問自己的父親：「耕田之利幾倍？」呂父說：「十倍。」又問：「販賣珠寶之利幾倍？」其父答：「百倍。」

呂不韋問：「如果扶立一個人做國王，掌握江山，其利又幾倍？」

呂父笑了起來，說：「哪有這樣的機會呢？果真扶立一個人做國王，其利何止成千上萬倍？」

呂不韋聽在心裡，立即開動腦筋，先用金錢去結識公孫乾。待往來漸熟，儼如兄弟，於見到異人時，佯作不知，問起來歷。公孫乾一五一十地告訴他。

一日，公孫乾請呂不韋飲酒。呂不韋說：「座間別無他客，既是秦國王孫在此，何不請來同坐？」

公孫乾從命，請異人出來與呂不韋相見，同席飲酒。酒後半醉，公孫乾起身如廁。呂不韋趁機低聲問異人：「秦王年已老，太子所寵愛的是華陽夫人，她又無生養，你們兄弟二十幾人中，尚未有寵嗣，你何不趁此時求歸秦國，事華陽夫人，求做她的兒子，以待將來奮起！」

異人含淚歎道：「哪敢奢望有此機會？提起故國，我就心如刀割，只恨無計脫身回國！」

呂不韋再進言：「我家雖不寬裕，但也願傾家前往咸陽，向太子及各親人陳情，救你還朝，公子以為如何？」

異人聞言，喜形於色，誓言：「如果有那一天，我與你富貴與共。」

此時，公孫乾已轉回來，兩人便住了口。

此後，呂不韋與異人時常相會。一日，呂交給異人五百金，要他買通左右，打好交情，並結交賓客。從此，公孫乾府上上下下等全受了異人的恩惠，儼然如一家人，不復疑忌。

呂不韋再進一步，攜巨金到秦國咸陽活動。他先從華陽夫人的妹妹入手，再以珠寶攻勢，求見華陽夫人，陳說利害，說得華陽夫人心服意動，向太子安國君吹枕頭風，同意收異人為嗣子，刻符為記。然後又透過權臣陽泉君向太后進言。昭襄王遂決心要召異人回國，但須等到秦、趙兩國講和之後，才能實行。

太子安國君問呂不韋有何妙策，使異人返國。呂不韋回答：「太子既已立異人為嗣，小人不惜千金家業，賄賂當權，必能救回，太子請放心可也。」

安國君大喜，取出黃金交與呂不韋，讓他當活動費，並預拜他為異人的太傅。

呂不韋回到邯鄲，將詳情告訴異人。異人喜不自禁，對呂不韋感激不盡。

呂不韋本就善於投機，此時尋思：「異人將來回國，必能繼立王位。如果來個移花接木，嬴氏的天下，不難由我呂氏取代。」於是，他在邯鄲買了一位美女做妾侍，名之為趙姬。到趙姬懷孕兩個月時，他特意請異人和公孫乾來家裡飲酒，珍饈滿桌，笙歌載舞，快活異常。

酒至半酣，呂不韋開口：「鄙人新納一小姬，頗能歌舞，欲令向二位奉勸一杯，望二位勿嫌唐突。」隨即喚趙姬出來，拜見兩位貴人。趙姬輕移蓮步，向二人叩了兩個頭。異人與公孫乾慌忙作揖還禮。

趙姬捧酒上前，為異人斟酒。異人看得仔細，簡直驚為天人，不覺目亂心迷，神搖魂蕩。

趙姬歌舞完畢，呂不韋再令她奉勸二人大杯。二人又一飲而盡。勸完酒，趙姬入內去了。賓主復互相酬勸。此時，公孫乾已醉倒在椅子上。異人卻酒醉三分醒，乘酒興請示於呂不韋：「請體會我孤身為質於此，客館寂寥，如能求得此姬為妻，足滿平生之願。未知身價幾何，容後奉納。」

呂不韋說：「我為殿下謀歸秦國，家資且破盡，從無吝惜，今何惜一女子？但此女年幼害羞，恐她不從。莫若待我勸慰一番，如她情願，即當奉送，還論什麼身價不身價？」

這一晚，呂不韋對趙姬說：「秦王孫十分愛你，求你為妻，你意下如何？」

趙姬說：「我既以身事君，且有身孕，怎能轉事別人？」

呂不韋柔聲對她說：「你隨我終身，了不起是一個老闆娘。但這王孫有做秦王的機會，你如得寵，必為王后，腹中如果是男，即為太子。這是我和你的骨肉，那我倆便是秦王的父母了，必富貴無窮。你可念及夫妻之情，勉為其難，曲從吾計，千萬不可洩漏。」

反覆勸說，權衡利害，趙姬終於答應。

次日，呂不韋到公孫乾處，當眾宣布：「蒙殿下不嫌小妾醜陋，有意取侍巾櫛，我與小妾再三提及，已蒙勉從尊命，今日良辰，當即送至寓所陪伴。」

異人高興得滴下熱淚，向呂不韋叩首作揖致謝：「先生高義，粉骨難及！」

呂不韋離去後，到了晚上，用暖車載送趙姬到公孫乾府邸，與異人成親。

異人得了趙姬，如魚得水，愛戀非常。約過一個月，趙姬告訴他，說自己已懷上了。異人不知就裡，以為是自己一箭中的，愈加歡喜。

這個孕一共懷了足足十二個月，才生下一個男孩。這男孩就是日後統一天下的秦始皇。他生有異稟，以趙姬之姓為姓，取名為趙政。

趙政三歲時，秦兵圍邯鄲甚急。呂不韋見形勢危急，往見異人，說：「趙王倘復遷怒於殿下，就大禍臨頭了。不如趁機逃回秦國，免做砧上之魚。」

異人同意。呂不韋積極行動，盡出黃金六百斤，以三百斤遍賄南門守城將軍，托言說：「我們全家從陽翟來這裡做生意，不幸戰事發生，圍城日久，我思鄉日切，今將所存資本盡數分給各位，只求行個方便，能放我一家出城，感恩不盡！」

守將答應了。呂不韋又以百斤黃金獻給公孫乾，說及自己欲回陽翟之事，央求公孫乾與南門守將求情。因各守門將都已受了賄，皆落得做個順水人情。

呂不韋先教異人將趙氏母子密寄於娘家，候命起程。是日置酒與公孫乾道別，把公孫乾灌得爛醉，左右軍士亦皆醉倒。至夜半，異人化裝，混入僕人之中，接了妻子，隨呂不韋父子行至南門。守將不辨真假，開了城門，放此一行人出成而去。

待公孫乾酒醒，發覺異人逃跑，呂不韋等已抵達秦營，輾轉回到咸陽矣。公孫乾因失職畏罪，伏劍自刎。

異人身為秦王孫，嬌貴無比。不久，秦昭襄王去世，太子安國君繼位。旋又駕崩，異人繼承大統。及後呂家骨肉趙政繼承王位，兼併六國，是為秦始皇。

此時，正如呂不韋當年所想，嬴秦氏的天下已為呂氏接替，呂不韋做了「尚父」太上皇。呂不韋的這個「寶」押得太準了，「車」推得也太成功了。

3 利用裙帶關係

裙帶關係，指利用女人為晉身之階，依靠夫人、姊妹或者女性關係的關係步入官場，快速成為統治階級的上層人物或官場中的風雲人物利用裙帶拉幫結派、勾結成黨，是奸術的一種，大奸之成為奸的表現之一。

古語云：「欲成其事者，不走黃門走紅門。」所謂「黃門」，專指金錢。至於「紅門」，則是女性的專稱，也就是今天所說的「女人路線」。

唐玄宗時有名的大奸臣楊國忠本是無賴之徒，好飲酒，喜博戲，不事營生，窮則四處乞貸，行為不端，因此受到鄰里宗親的鄙視。到了30歲，由於劣跡昭昭，在老家實在混不下去，被迫遠走他鄉，入蜀從軍，投身士伍。節度使張宥討厭他的為人，藉故將他痛打一頓。其行為終於有所收斂，並弄了個都尉的小官。後丟官，無以謀生，連家都回不了。幸有四川富豪鮮于仲通給了點接濟，才勉強度過難關。

後來，楊國忠的遠房堂妹楊太真（即楊貴妃）得到玄宗的寵愛。他一聽說，在一些富豪幫助下，進京找到楊貴妃。這楊國忠在楊貴妃父親死時，曾赴喪料理葬事，以護視為名，出入其家，並與楊貴妃的一個妹妹（此人後來被封為虢國夫人）私通。仗著這層關係，常見貴妃姊妹。當時虢國夫人剛喪夫居寡，二人一見，立即火熱起來，很快遂行淫亂。玄宗本與楊貴妃三姐妹都有私情，三人出入宮廷，玄宗直呼為姨。

在楊氏姊妹幫助下，楊國忠終於飛黃騰達起來，一直升到宰相的高位。連李林甫這樣善於權謀的大奸臣，也不敢得罪他，拿他毫無辦法。

楊國忠從無賴之徒，到一人之下，萬人之上的宰相，靠的就是裙帶關係。

利用妻子關係，走夫人路線，也是一條升官的捷徑。

北宋時期王安石主持變法，重用私黨，成為一時的權臣。蔡卞就因娶了王安石的女兒為妻，得以升官至右相，進入核心領導層。在慶賀升官的家宴上，一個來唱戲助興的伶人（演員）說了一句譏笑的直話：「右丞相今日能夠高升，都是夫人裙帶的緣故。」朝野傳為笑談。

走夫人外交，首先，娶妻之時要擦亮眼睛，專門盯著那些權貴人物的女流之輩，女兒、孫女當然好，即便侄女、外甥女，甚至傭女，無奈之下也可選擇；然後厚顏無恥，頻頻示愛，求得老丈人的歡心，使這門親事定下來。只要婚姻敲定下來，做官的大門就暢通無阻了。

4 沒有關係，就造一個

靳雲鵬，生於一八七七年，北洋軍閥，字翼青，山東鄒縣人。北洋武備學堂畢業之後，在雲南任清軍十九鎮總參議。

一九一一年，蔡鍔發動雲南新軍起義，靳雲鵬在昆明五華山戰敗，化裝逃走。後受袁世凱信任，任北洋第五師師長，升任山東都督。一九八一年任參戰督辦公署參謀長，代表段祺瑞政府，與日本簽訂中日軍事協定。次年任陸軍總長，代理國務總理。皖系失敗後，又由奉系支持，出任總理，至一九二一年直奉戰爭爆發前去職。後寓居天津。

少時，靳雲鵬家十分貧寒，靠賣煎餅度日。由於入不敷出，他的母親又去潘家當奶媽。靳雲鵬19歲那年，投入袁世凱的「新建陸軍」。後入隨營武備學堂第一期學習。段祺瑞時任隨營武備學校監督（校長），二人有師生關係。

一九〇二年，段祺瑞任北洋軍政司參謀處總辦，靳雲鵬任該處提調。

為了求得升遷，靳雲鵬細心研究段祺瑞的愛好。他發現段祺瑞愛下圍棋，經常與幕僚張某對弈。

於是，他就從圍棋入手，買來棋譜，精心研讀，仔細推敲，又請名師指教。為此，他的棋藝長進很快。他知道段祺瑞的棋下得不錯，如超過段，會令段不滿，因而絕不敢輕舉妄動。

一天，恰好張某不在，段祺瑞想下棋，卻找不到對手，很著急。靳雲鵬一看機會到了，就上前請求：「大人，學生原來也曾下過幾次，能否陪大人解悶！」

段祺瑞正求之不得，馬上應允。二人就擺棋大戰起來。

段祺瑞的棋不是靳雲鵬的對手。靳不敢贏段，但又不能讓段贏得太順利。

第一盤，靳雲鵬慘敗。段有不屑一顧的意思，興致大減。

第二盤，段祺瑞感到下得很吃力，不由得興致大增，聚精會神，細心研究，總算贏了。他非常高興。

第三盤，雙方廝殺得難分難解。最後還是段祺瑞贏了。

自此，段祺瑞不敢小看靳雲鵬的棋藝。

以後，靳雲鵬成了段祺瑞的棋友。

靳雲鵬與段祺瑞下棋，多數讓段贏，偶爾自己也贏一兩盤，以討段祺瑞的歡心。

段祺瑞與別的人下棋，也常請靳雲鵬在旁觀戰，緊要關頭，要靳出謀獻策。

由於下棋的關係，再加上師生之份，靳雲鵬就理所當然地成為段祺瑞的親信，段於是提拔他當了標統。

後來，段又推薦靳赴雲南任更高的職務。當靳離開時，他還戀戀不捨。

靳雲鵬由此成了皖系的幹將，官升得很快，甚至兩度受命組閣，出任內閣總理，成了當時政治舞臺上的風雲人物。而這一切，均源於他刻意營造出來的和段祺瑞的棋友關係。

棋友關係畢竟還是文謅謅的，更有厚臉皮之人，靠洗澡關係攀上了富貴。這人就是李彥青。

曹錕喜歡洗澡捏肌，經常光顧浴池，為此在保定認識了澡堂修腳夥計李彥青。

李彥青心靈手巧，善機變，而且生得細皮嫩肉，細腰豐臀，說話細聲細語，猶如小鳥啁啾。

「真是個美人啊！可惜托生個男兒！」曹錕頻頻讚歎。

李彥青每次給曹錕搓背、按摩，都把曹錕捏得體酥骨軟，分外舒暢。以後，他成為曹的親隨，不管曹錕到哪裡，他就跟隨到哪裡。曹錕不斷升遷，他也就跟著升遷，由副官而副官長，不久又升為軍需處長。他成了曹錕須臾難離的「同志」。

一九二三年，曹錕透過賄選，成為大總統之後，重賞男孌，竟將搓背的李彥青封為大總統府財務處長，實際上掌握著國家的財政大權。至此猶嫌不夠，又給他掛上參議院參議的頭銜。

李彥青貪婪成性，大肆掠吞公款。曹錕手下大員都得常常行賄於他，方能得到軍餉。時人痛罵他是宋徽宗的高俅或慈禧的李蓮英。

曹錕寵愛的這個李彥青，雖說是個搓背修腳夥計，但也是受過「名門熏陶」的。他的老闆是一個廚師，此廚師有個發跡的兒子叫張志譚，是個堂堂的交通部部長，外號「智多星」。

智多星的爸爸有個怪癖，就是愛吹噓當部長的兒子如何如何。為此，他的名片別具一格，拿出一亮，一條又一條大字寫的是他兒子的一堆顯赫官銜，在兒子名字的後面注有「之父」兩個小字。接著又寫上自己的頭銜。那就更為顯赫了。除了民國時期的頭銜之外，又加上前清時的。同樣，也是在大字後面只寫四個小字。細看方知，是「膳房主任」。

李彥青就是從老闆那兒學來吹噓的本事。

明代，焦芳為了求官，苦讀詩文，終於在天順八年中了進士，進了翰林院。當時翰林院內的官員都是飽學之士，只要焦芳不學無術，從未賦一詩、綴一文，並且還是個兇狠的無賴。

他是怎樣入翰林院的呢？原來他有個同鄉李賢是大學士，靠李的引見，得以進入翰林院。這就叫「見孔就鑽」。

小人為了向上爬，會不擇手段，寡廉鮮恥，殘害無辜，出賣靈魂。這是為奸者的共同特徵。但他們又有個性上的區別，包括進身發跡、竊取權柄時所選擇和使用的手段的不同，有人陰險毒辣，投機鑽營，所謂擅長玩「陰」的，有人蠻橫無賴，一副流氓嘴臉，所謂慣於動「蠻」的。焦芳是後一種類型的代表。

焦芳是河南南陽府泌陽縣人氏，天順八年（一四六四年）中了進士，多方奔走，攀上了同鄉、大學士李賢，極力巴結，經引薦，得任庶吉士。不到一年，又夤緣進了翰林院。

翰林院是封建社會高級文人聚集的地方，進入翰林院的人，個個詩文出眾，才華橫溢。而焦芳胸無點墨，不學無術，竟也能混跡其間，而且還混得不錯，被授予翰林編修，當上了經筵講官，在東宮講讀。

成化十年，焦芳在翰林院已經混滿九年。按照明朝官制，侍講「滿九年考，當遷學士」的規定，他正好熬夠了年頭，應該升為學士。但是，由於他水準相差甚遠，幾年間未曾賦過一詩，作過一文，同事們很瞧不起他，所以在討論提升者的候選人名單時，有人直言問大學士萬安：「焦芳不學無術，不夠提升資格。像這種人，你還打算提升他為學士嗎？」

然而，這話竟傳到焦芳的耳裡。他認為這是大學士彭華從中作梗，想壓制他。

焦芳兇相畢露，擺出一副流氓嘴臉，以行兇相威脅，咬牙切齒地四處傳播狠話：「哼！彭華跟我過不報，暗中挑撥，想讓我當不成翰林學士。日後我果真當不上學士，一定饒不了彭華，要把他殺死在長安道上。不信，咱們走著瞧！」他氣焰囂張，厚顏無恥，每次遇到彭華都怒目而視，眼露凶光。

彭華很瞭解焦芳的無賴本性，知道他為人兇狠毒辣，很怕他真的狗急跳牆，鋌而走險，於是派人轉告萬安，反倒替焦芳通融。萬安也瞭解焦芳的為人，為了息事寧人，避免不必要的麻煩，只好將焦芳升為侍講學士。

焦芳終於以蠻橫威逼的手段，達到了伸手要官的目的。

5 錢能通神

說到金錢難以抗禦的誘惑，清人陳其元在其所著《庸閒齋筆記》中記載了他祖父跟他講的一個親身經歷的故事：陳其元的祖父在道光、咸豐朝官至道臺（地區專員），是個清官。他讀《論語》，對孔子所言「及其老也，戒之在得」不以為然，很不服氣，說人老了一切都很淡泊，不存在什麼警不警戒、自不自省的問題。他60歲時出任安徽滁州知府，處理一個案子，當事人送來一萬兩銀子進行賄賂，他當即將那人轟走，沒有收受。可到了晚上睡在床上，卻怎麼也睡不著，翻來覆去，直折騰到大半夜，實在難以入眠。他起來，打了自己一記耳光，恨恨地罵自己道：「陳某何不長進如此！」這樣才迷迷糊糊睡去。第二天，他對人說：「我如今始服聖人之言矣！」

由此可見，高額賄賂即使是清官，也不能不動心，更不用說那些貪官了。

李宗吾在求官六字箴言中，專門論述了「送」字的妙用。送，即是送東西，分大小二種：大送，把銀元鈔票一包包拿去送；小送，如送春茶、火肘及請吃館子之類。所送的人分兩種，一、是操用捨之權者，二、是未操用捨之權而能予我以助力者。

錢能通神，尤其在官場上更是如此。

由此可見，高額賄賂，即使是清官也不能不動心，更不用說那些貪官了。

俗語謂：「有錢可使鬼推磨。」錢在社會上有其通行的作用，尤其是在官場上，堪稱魔力十足。所謂「刑以錢免」。其實，用錢不僅可以免去刑戮，也可藉以升官。在官場上，錢的力量往往是經過買通權，再經過權力以達到目的而顯示出來。

張延賞，蒲州猗氏（今山西臨猗）人，是唐朝開元年間宰相張嘉貞之子。本名寶符，唐玄宗賜名延賞。唐德宗時，因功拜中書侍郎、同中書門下平章事。

早年，張延賞曾受任度支使（唐代負責財政的高級官員）。上任前，他聽說有個大案冤枉，每談到此案，他便惋惜不已，有不平之歎。待正式任職，他便召來獄吏嚴詞詰問：「這冤案已拖得太久，我限你十日內了斷全案。」

第二天他到官署辦公，發現桌子上有一張小紙條，條上云：「送錢3萬貫，請求您不要過問此案。」

張延賞看了條子，大怒，更是急切地催促獄吏了此一案。

到了第三天，他在自己的辦公桌上又發現了一張小紙條，條子上只有三個字：「5萬貫。」

張延賞更生氣，限令獄吏二日內了此一案。

第四天，他見自己的辦公桌上又有一張小紙條，條上三字是：「10萬貫。」

張延賞看是十萬貫錢，這回不發火、不作聲了，也不再催辦此一冤案了。從此，這一冤案便又擱起，沒有人過問。

張延賞的子弟問他，為什麼突然改變了態度。

他說：「錢及十萬，便可通神，沒有什麼辦不了的事。我若再固持己見，便會引火燒身。大丈夫不能進則退，這才是為人應取的態度。」

張延賞本要了斷大案，在不斷增加的賄賂下，最終卻不敢再行追究，他所說的「錢及十萬，便可通神，沒有什麼辦不了的事。」一針見血地道破了錢的力量。

在腐敗成風、相互關係錯綜複雜的官場上，一個案件會牽涉到背後某些人或某個集團的利益，處理不好，就可能捅了馬蜂窩，為整個官僚隊伍所不容，惹火燒身。所以。張延賞及時抽身引退，不再追究。可見錢之力也。

6 禮多人不怪

送禮，大概是求官者慣用的「常規武器」。俗話說：沒有不吃腥的貓。同樣，也沒有不貪錢的官。在封建時代，如「權錢交易」、「買官鬻爵」，可說司空見慣。就是在民主制度和公共監督較為完善的西方，對這一「灰色癌症」也無可奈何。

官場上，許多人都把送禮當成巴結權貴，升官發財的手段，對送禮的學問做了精湛的研究。

一般人對趙公明元帥（財神）和「孔方兄」都格外垂青，遇到大事小事，總是求助於「孔方兄」。這在官場上表現得尤為明顯。常言道：禮多人不怪。給上司送了厚禮，有事的大事化小，小事化了，無事的則想辦法、找機會，弄個烏紗帽戴一戴。所以說，送禮不愧為做官的終南捷徑。小人更是深諳此道。

送禮，首先要描對目標。莫忘了：有時給甲送，而沒有給乙送，得罪了乙也不上算。民國初年，陸建章給袁世凱的妻妾送禮就是一例。

袁世凱籌備帝制時，陸建章首先稱臣。

他聽說袁妻于夫人要過生日，親自獻上一枚鑽石戒指。于夫人很喜歡，向諸妾炫耀一番，然後珍藏在臥室的首飾盒中，準備大典時戴。誰知第二天，鑽石戒指不翼而飛。于夫人又氣又急，召集眾僕，嚴刑拷打、追問，鑽戒還是沒有下落。最後，她只好去翻檢諸妾的臥房，竟在十姨太的屋裡找到那顆寶貝。原來，這位姨太太嫉妒心極強，看到陸建章送給于夫人這麼大的鑽石戒指，很眼紅，便俏悄偷去。

于夫人很生氣，向袁世凱告狀。袁特別寵愛十姨太，袒護她，反而責怪于夫人：「小小鑽戒，算得了什麼？過幾天，我給她幾個更貴的戒。區區小事，何足掛齒。」

果然，不出幾天，十姨太手上一下子戴了五、六個金光閃閃的鑽戒，神氣十足。于夫人差點氣昏過去。

這十姨太的鑽戒由何而來？是袁世凱悄悄把消息傳給了陸建章。陸心想：這可壞了事啦！十姨太萬萬得罪不起！我的烏紗帽還是得她鼎力相助才弄到手的。他火速購得十幾顆貴重的鑽戒，送給十姨太。

此事辦得巧妙、及時，解決了袁的妻妾矛盾，又討好了其寵妾，袁對陸建章自然就另眼相看了。

7 白臉砸鍋，紅臉補鍋

做飯的鍋漏了，請補鍋匠來補。補鍋匠一面用鐵片刮鍋底煤煙，一面對主人說：「請點火來我燒煙。」他乘著主人轉背的時候，用鐵錘在鍋上輕輕敲幾下，那裂痕就增長了許多；及主人轉來，就指給他看，說：「你這鍋裂痕很長。上面油膩了，看不見。我把鍋煙刮開，就現出來了。非多補幾個釘子不可。」主人埋頭一看，很驚異地說：「不錯！不錯！今天不遇著你，這口鍋子恐怕不能用了。」及至補好，主人與補鍋匠皆大歡喜而散。

北朝東魏時代，獨攬大權的丞相高歡臨死前把兒子高澄叫到床前，談了許多如何成就霸業的人事安排，特別提出當朝唯一能和高家之心腹大患侯景相抗衡的人才是慕容紹宗。他說：「我故不貴之，留以遺汝。」當父親的故意唱白臉，做惡人，不提拔這個對高家極有用處的良才，目的是把好事留給兒子去做。

高澄繼位後，按既定方針辦，給慕容紹宗高官厚祿。這人情自然是他的，慕容紹宗感謝的是他。此事，他唱的是紅臉。沒幾年，高歡的另一個兒子，高澄的兄弟高洋順順當當登基，成了北齊開國皇帝。這是父子連襠，紅白臉相契，成就大事之例。

小人最會使用此計，經常一個人既扮紅臉，又扮白臉。周圍人對此心知肚明，但又無可奈何。因為小人厚臉黑心，君子只能心裡慶幸：「那個小人沒害我，我應該感激他。」也就是說，小人透過降低自己的道德標準，達到了別人對他的低標準要求——只要他不害我，我就心滿意足了。

8 賈似道謊報軍情、戰功

鍋上的小裂縫砸成了一大孔，是補鍋匠幹的。但畢竟他最後還是把鍋補好了，所以這還不算太壞。南宋的賈似道則不僅把鍋砸得更爛，而且藉此要挾皇上：升我官，因為這鍋只有我能補。目的達到後，用爛泥一糊，欺騙皇帝說補好了，終於導致南宋這口破鍋徹底漏了底。

賈似道，臺州（今浙江寧海）人。其父賈涉略有資產，在錢塘縣看上一個姓胡的有夫之婦，就連騙帶買，把她弄到手，做了他的侍妾。這胡氏便是賈似道的生母。

賈父雖然官職不高，但畢竟衣食無憂，賈似道的童年也應算是在貴族生活中度過。不料，在賈似道十歲那年，賈涉忽然病死。這下子失去了生活的保障，家境立刻落入困頓之中。賈似道就同一幫流氓無賴混在一起，吃喝嫖賭，不務正業。

在宋代，朝廷有一項不成文的規定，往往對那些做過高官或立過大功者的子孫授以一定的官職，叫「恩蔭」。所謂「澤被後世，蔭及子孫」，就是這個意思。賈似道也領沐了這浩蕩的皇恩，被朝廷授以嘉興司倉之職。這雖是一個管理縣級糧倉的小官，畢竟能供他衣食，使他從流氓階層中脫離出來。

後來，賈似道的同父異母姊姊應選入宮。這位賈氏人既長得超眾脫俗，心思又靈慧乖巧，不久就深受宋理宗寵愛，被立為貴妃。賈氏也真算賢德，得寵之後，便念念不忘她的兄弟，成天給理宗吹耳邊風，說她這位弟弟如何如何賢能，如何如何有本領。理宗便不問是非，對他的這位小舅子大加提拔。

宋理宗趙昀本是流落民間的趙宋王室宗族，祖上當過什麼官，連他自己也不清楚。誰知奇緣竟然降臨到他的身上。寧宗的宰相史彌遠為了保住權位，下決心要廢掉那位痛恨自己的太子，免得太子即位之後，自己遭到滅門之禍。於是，他派人從民間搜羅出趙昀，把這位稀裡糊塗的布衣青年弄給太后當了宗子，然後耍詭計廢掉太子，立趙昀為儲。宋寧宗趙擴死後，史彌遠就扶持趙昀登基，是為宋理宗。

理宗由布衣平民而驟升為天子，心理上缺少準備，又兼宰相史彌遠把持大權，他便只顧享樂，哪裡還考慮什麼國家大事。因此，他成了中國歷史上著名的昏君之一。

賈似道因緣際會，緣著姊姊的裙帶，爬上宰臣高位。他當政期間，是度宗在位，朝政腐敗，貪污賄賂之風盛行，賣官鬻爵更是司空見慣。賈府門庭若市，凡想做官者，都必前來巴結。

為了彰顯自己的權勢，賈似道每五天才坐船經過西湖去上朝一次，連宰相衙門也不去，乾脆在自己家裡辦公，所有文件都要公人送往他家，由他審理，簽署。實際上，許多事他並不管，只是授意一下，讓他的幕僚翁應龍、廖瑩中等人辦理。這樣一來，這小朝廷的政治，比理宗時期就更加衰敗了。

對於蒙古人緊攻襄陽的消息，賈似道採取的策略是瞞和騙。他不許任何人提起蒙軍進攻的事。有人談及此事，他就立刻找個藉口將此人貶斥。

有一次，度宗憂慮地問他：「蒙軍已圍襄陽三年，不知該怎麼辦？」他竟強硬地回答：「蒙軍早已被擊退，陛下不要聽別人胡言亂語！」並逼迫度宗說出進言之人。度宗無奈，只好說是聽一名宮女所言。他也不管是真是假，就將這宮女立即處死。眾臣看到這種情形，哪還敢多嘴？

宋度宗把賈似道依為唯一的靠山。賈似道卻又故作姿態，屢屢裝出要告老還鄉的樣子。度宗每次聽到賈似道要走，都極為恐慌，一天要派十幾個使者去阻攔他；至此還不放心，竟讓使者躺在賈府門口，以防他棄國而走。

這是為了什麼呢？原來，度宗希望賈似道替他內外操持，他自己好空出時間，縱情享樂。度宗之淫，可列於封建皇帝之首。他不僅把先皇的宮女據為己有，還大選美女，充實後宮。他時刻離不開女人，常令幾十個美女簇擁著自己，即使在熱喪時期也不例外。一旦淫心蕩起，不分場合、地點，即便在大庭廣眾之下或路邊草地，也照淫不誤。按當時的宮廷規定，凡頭天晚上被皇帝「幸過」的宮女，第二天必到登記處「謝主龍恩」，以便計算懷孕日期，免得生了雜種。據說，一般每天來登記的有三、五人之多，多時竟達三十餘人。

賈似道之淫亦不在度宗之下。度宗把父皇的宮女據為已有，在理學大盛的宋代已屬大逆不道，賈似道居然借度宗的宮女侍宴侍寢。度宗為害一宮，賈似道則為害四方，連尼姑也不放過，方圓幾十里內，稍有姿色的婦女幾乎被他淫遍。

度宗無度，酒色伐性，在三十五歲的壯年忽然病死。恭帝即位，年僅四歲，由太皇太后謝氏聽政。不出幾月，蒙古兵就打過長江，逼近臨安。在此之前，度宗也想發兵增援襄陽，但因賈似道多方牽制，一直未能成功。襄陽城被圍五年，城中士卒以人骨為炊，以紙幣製衣。守將呂文煥見救兵不至，只好出城投降。

蒙軍在元世祖忽必烈帶領下，以風捲殘雲之勢，攻下樊城，繼續進逼。

度宗在日，賈似道緊緊抓住度宗怕死的心理，裝腔作勢地要求出戰，卻被度宗死死拖住。賈似道既免了親臨前線之驚怕，又賺了好名聲。如今，恭帝即位，元兵猛攻，群臣紛紛要求賈似道出征，他再也使不出計策推託了。

賈似道膽小如鼠，貪生怕死，這當頭又不得不硬著頭皮去應付。他調動了十三萬精兵，從水路出發。到了安徽一帶，根本不思抗擊，只是一味巴結元人，請求議和。

他給元丞相伯顏送上禮品，請求割地賠款。但伯顏罵他不守信義，還扣留了使者郝經，拒絕議和，率兵衝擊。賈似道幾乎未加抵抗，就和幾個屬下一起乘小船逃走。南宋軍隊一片混亂，糧草輜重全被元軍奪去，軍士死傷逃亡者不計其數。賈似道的真面目暴露於光天化日之下。

但回朝之後，他繼續耍弄手腕，牢牢靠定太皇太后謝氏，裝出一副忠臣的樣子，請求遷都。但他兵敗以後，天下輿論譁然，再也掩蓋不住，又兼元兵直逼臨安，朝野一片震恐，群臣紛紛上書，揭露他的真實面目，要求誅之以謝天下。

面對強大的輿論壓力，謝太后只得把賈似道貶到偏遠的廣東一帶。在押解的路上，這大奸被摔死於廁所之中，結束了他惡貫滿盈的一生。

9 向上司彙報，是晉升之道

經常向上司彙報工作，特別是「小報告」，以取得上司的寵愛，這是一種行之普遍有效的晉升之法。透過彙報，可以表明自己的忠誠，也可以藉此解決某些問題提出建議，表現自己的才能；進一步還可以對上司的決策施加影響。

湯恩伯是國民黨將領，他官大架子也大，傲氣十足，不把其他將領放在眼裡。他手握重兵，只對蔣介石一人負責，對上敢頂，對下敢壓。在外交上來，他對日妥協，毫無原則地寬待日本戰爭販子和戰俘，嚴重損害國家利益；內政上，他的作為搞得民怨沸騰，民不聊生；政治上，他鎮壓共黨革命，毫不留情；軍事上，他一直與解放軍較量到國民黨失敗的最後一刻。

湯恩伯，原名克勤，取克己、勤奮之意；字恩伯，取有恩思報之意。光緒二十六年（一九〇〇年）出生於浙江武義縣湯村鎮。湯家在當地也算名門，祖輩為讀書人，堪稱書香門第。遺憾的是科舉場上並無所獲，屢試不中。先輩的遭遇使得湯恩伯雖為儒家之子，卻不願再走父輩的習文之路，改而習武。

一九一八年，湯恩伯離開家鄉，憑著扎實的文化基礎，考上浙江省立體育專科學校。一九二〇年畢業，考進閩浙軍講武堂。次年畢業離校，到浙軍服務，出任排長。

一九二二年春東渡日本留學，考入東京明治大學法科，主攻政治和經濟，遠離軍事專業。但他志不在此，仍想從軍。為此，他想方設法，進入日本陸軍士官學校。

一九二七年夏天，湯恩伯畢業後離日歸國，到蔣介石的國民革命軍總司令部擔任參謀。

在總司令部，他軍裝永遠筆挺，外表一塵不染，頗引人注目，尤其是受到蔣介石的注意。除此之外，他腦子很活，時常就一些軍政要事提出自己的意見，透過私下管道直送蔣介石。起初，蔣介石對此有些不以為然，時間久了，還挺賞識。

蔣湯熱線是湯晉升的最佳路線。送給蔣介石的材料，有的談軍機大事，有的談社會問題，也有坑陷他人的小報告。蔣介石是個對助手、部下猜疑成性之人，助手和部下中也確有不少欺上瞞下，報喜不報憂之徒，故蔣對多少說點真話、道點真情的「湯氏文件」越來越相信，比正式送上來的文件還看重。

沒過數月，湯恩伯升為作戰科長，主管全軍作戰、訓練計畫的起草和實施。論軍事才華，他的軍事理論比實踐好，訓練比實踐強。

湯恩伯在司令部任職時間不長，後到由廣州新近遷南京的陸軍軍官學校任職。此校前期辦在廣州黃埔，第六期學生中有一部分隨北伐軍一起行動。蔣介石在南京成立國民政府之後，隨軍到寧的這批學生就成為軍校南部階段的第一批學生。

軍校兩地辦學，一分為二，需要增加大批教官和管理人員。蔣介石又特別重視軍校，視軍校為培養自己嫡系幹部的搖籃，自黃埔軍校開辦起，就挑選自己所信任的軍人到校內任職。他的親信、高級軍事助手幾乎全部在軍校中任過教或受過訓。

湯恩伯來到軍校，出任管理幹部，擔任第六期學生總隊大隊長。任內搬來洋人的軍事理論，結合國民黨軍隊的實際情況，寫出《步兵連教練之研究》一稿。

此書送到蔣介石手中，大受讚賞。

蔣介石為把此文的理論變成實踐，調升湯為軍官團副團長，負責初、中級軍官訓練，以加強連、營制式訓練。從訓練所需要的理論和口才來說，湯恩伯是塊好料子。他紙上談兵，滔滔不絕，在軍界上層人士中堪稱一絕。

在軍校中，湯恩伯遇到了第四個恩人，軍校教育長張治中將軍。張治中十分佩服湯恩伯的才華，大有湯在軍校乃屈才之感，故極力推薦，要他帶兵作戰。

一九二九年春，湯恩伯升任教導第二師第一旅旅長，此時的「教導師」非一般軍隊，兩個教導師是最受蔣介石寵愛的嫡系，為蔣介石掌握政權，「統一」全國之後，按照現代軍隊的建制和培養方式組建的軍隊。官經過多次挑選，兵經過嚴格訓練，武器優良、齊全，經常擔當向其他軍隊做示範表演的任務。湯的師長就是以教育長身分兼職於二師的張治中。

北伐時，先是只有一個軍，後成立一個集團軍，那時，還算人才濟濟。「四一二政變」之後，中央軍事指揮體系和中央系統都要換上可靠的人，光靠以前的一批人，無論品質還是數量都不夠。蔣自己培養的黃埔弟子，即使是一期生，也只有幾年時間，不可能大量整批走上高級指揮崗位。可以說，在用人問題上，此時正處於青黃不接。所以，發現湯恩伯這樣一個人才，立即予以破格提拔。湯一躍而為中央軍的重點旅旅長，此時認識蔣介石還不到兩年。他的晉升在國民黨軍界，可說是個奇蹟。

出任旅長不到半年，湯恩伯調升陸軍第四師副師長兼第十旅旅長。此職對他來說，異常重要，因為這是他在國民黨軍隊裡自成一系的開端。四師和他後來執掌的八十九師及十三軍，成為他的基本隊伍和勢力範圍。一方面，這些部隊是蔣介石所倚重的精銳之師；另一方面，又是別人無法插手的湯氏王國。

中原大戰起，為對付第一次倒蔣大聯合，蔣介石幾乎出動機動兵力，開赴前線，同馮玉祥、閻錫山、李宗仁的數十萬大軍較量。第四師也被拉到山東戰場，參加膠濟路方面的作戰。在前線，四師對付連戰皆捷的晉軍。可湯恩伯部並未投入作戰。

這時，主持山東軍事的第一軍團總指揮韓復榘面對晉軍，無心抵抗，逃往膠東。

蔣介石不得不派出中央軍前來增援。名為增援，實為逼實力並未受損的韓復榘反攻。

果然，韓部和中央軍聯合起來，一舉扭轉膠濟線上的被動局面，使得膠濟線成為山東戰場最早反攻的區域，山東戰場成為中原戰場最早的反攻地區。

中原大戰結束，湯恩伯調升陸軍第二師中將師長。陸二師在國民黨建軍史上占有重要地位。它的前身是第一集團軍第九軍，第九軍的前身是國民革命第一軍第三師。三師創建於國民革命時期，是繼一師、二師之後建立起來的又一支以黃埔學生為骨幹的新式軍隊。從廣州時期起，三師就成為蔣介石的精銳之一，南征北戰，為蔣介石政權的建立和鞏固立下汗馬功勞。

三師師長、九軍軍長、二師師長（一九二九年初，在編遣中，九軍改編為二師）均為蔣介石的主要軍事助手、準黃埔系頭目顧祝同。到中原大戰結束，顧祝同已數度升遷，高奏凱歌，出沒於蔣介石左右和軍事指揮中樞。

第二師交給湯氏執掌，這件事本身說明湯的地位之高。此時蔣介石授予的中將、少將、師長、軍長已經不少，但是，像湯那樣年齡三十出頭，跨入中央軍才三年餘，就成為師長、中將，在當時是絕無僅有的。

10 挑撥離間

挑撥離間，就是想方設法破壞異己與那些同異己比較親密的人之間的關係，使他們由親密轉向生疏，由信任變為猜疑，擴大兩者之間的矛盾，增加兩者之間的不信任。挑撥離間，是小人常用的整人手腕之一。

小人打擊異己，絕不會容許他人給予異己大力支持。他們會極力地挑撥離間，使得眾人不再信任這些異己。

更甚者，那些原本是小人的異己關係緊密的人還可能對這些異己產生怨恨之情。小人正是利用這種怨恨之情，讓他人自相殘殺，從而得漁翁之利。

歐洲曾流傳這樣一則故事：數百年來一直親如一家的一個和睦的村莊，突然產生了鄰里關係的無窮麻煩，本來一見面都會真誠地道一聲「早安」的村民，現在都怒目相向。沒過多久，幾乎家家戶戶都成了仇敵，挑釁、毆鬥、報復、詛咒天天充斥其間。大家都在想方設法逃離這個可怖的深淵。教堂的神父大感疑惑，花了很多精力調查其中的緣由，終於使真相大白。

原來，不久前剛搬到村子裡來的一位巡警的妻子是個愛搬弄是非的長舌婦，全部惡果都來自於她不負責任的流言蜚語。村民知道上了當，不再理這個女人。她只好盡快搬走。但是，村民間的和睦關係再也無法修復。解除了一些誤會，澄清了一些謠言，表層關係不再緊張，然而，從此以後，村民的笑臉不再自然，在禮貌的言詞背後，總有一雙看不見的疑慮之眼在晃動。大家很少往來，一到夜間，早早地關起門來，誰也不理誰。

這種製造矛盾和糾紛的本領，小人運用之，有著特別的用處。依靠這種本領，他們可以加官進爵，竊權誤國，打擊異己，可以濫殺無辜。

11 見縫插針

秦檜，字會之，生於一〇九〇年（宋哲宗元佑五年），江寧人。其父是一個七品縣令。由於出身低微，秦檜早年生活頗為坎坷。他曾經當過鄉村教師。對這個職業，他牢騷滿腹：「若得水田三百畝，這番不做猢猻王。」

宋廷徽、欽二帝被擒時，秦檜已官至御史中丞，算是個不小的官了。他到底靠什麼飛黃騰達起來的呢？他的發跡，離不開「矛盾」二定。首先是利用了宋金之間的矛盾；其次是製造、利用了老皇帝與新皇帝之間的矛盾；第三是製造、利用了君臣與臣臣之間的矛盾。

一一二七年初，粘罕與斡離不會師於東京城下。欽宗遍調四方兵力救援京師。但終因兵微將寡，且遠水不解近渴，東京城被金人攻破，徽、欽二帝被掠。3月7日，金人立北宋降臣張邦昌為「大楚」皇帝，以取代北宋政權。這時的秦檜還有正直之心，認為若立張邦昌為帝，「則京師之民可服，天下之民不可服；京師之宗子可滅，天下之宗子不可滅。」天下英雄必會群起而討之。金人不聽。秦檜因反對立張邦昌為帝，被金人帶走。

在被金人俘走的第一年，秦檜侍奉徽、欽二帝，尚未見有什麼劣跡。不久，徽宗聽說康王趙構即位，便修書與金世宗議和，派秦檜前往。金世宗留下秦檜，把他送給自己的弟弟撻懶。從此，秦檜神差鬼使一般，追隨撻懶，成為撻懶的忠僕。後來撻懶被殺，他仍忠於金國，以出賣南宋為己任。

一一三〇年，撻懶帶兵攻打南宋的北方重鎮正陽（今江蘇淮安），帶秦檜一同前往，欲放秦檜南歸。當時有人問撻懶為什麼把秦檜放回去。撻懶說：「我曾經多次把秦檜放在軍前考驗，覺得這個人表面上有些不馴服，內心裡總能委屈求全，做事很合我的心意。如今要滅亡南宋，只靠武力還不夠，還應該內外夾攻，裡應外合。如果秦檜能在南宋朝廷中做個內應，我們取南宋豈不是容易多了嗎？」

秦檜與他的夫人王氏一起「逃」回南宋，路過漣水，被南宋水寨統領丁祀抓住，要殺死他。秦檜慌忙道：「我是前朝的御史中丞秦檜，你們應該知道我！」這時，船中的一個窮秀才上來湊趣，裝作認識他的樣子，一見面就大作其揖地說：「中丞回來了，這些年辛苦了！」並與他親密交談。丁祀見有人認識他，便送他入朝。就這樣，秦檜回到了南宋。

對他的歸來，大多數人都心有所疑。因為秦檜說自己殺死了看守的金人，自己和王氏連逃了二千八百里，回歸南宋，太不可能。一路之上，金人盤查嚴密，豈容一對漢人夫婦自由往來？再問起同被俘獲的朝臣情況，他也支吾不清，有許多地方不符實情。但秦檜的密友、宰相范宗尹和李回都極力為他辯護，再加上他在前朝給人留下較好的印象，高宗趙構還是很信任他。

此時，宋高宗正惶惶然如喪家之犬。先是苗傅、劉正彥兩位將軍帶兵闖進宮殺人威逼，要他讓皇位於太子，由太后聽政。後幸得張浚等人起兵討伐苗、劉二將，他才得以重定。金兵攻克揚州之後，高宗慌忙逃到鎮江。後又逃到臨安；再逃至明州、越州。秦檜向高宗奏明徽、欽二帝在金國的情況，並獻上早已準備好的《與撻懶求和書》。

高宗正被金兵追得無立足之地，得知秦檜跟隨撻懶數年，深諳撻懶秉性，必能議和成功，在召見秦檜後不久，竟與群臣說：「檜忠樸過人。與其一談，朕高興得夜不能寐。」

秦檜受任禮部尚書、參知政事之後，更弄得高宗心中十分熨貼，一一三一年，被提升為右相。這時，他提出了「南人歸南，北人歸北」的策　。按照這一觀點，就等於把北方的土地拱手送給金人。當時，南宋軍隊中的將領主要是由河北、山東等地的軍人組成，這些人不願回去受金人統治，因而，他這一策略遭到廣泛的反對。秦檜卻又提出了「二策」，即以南宋的河北人歸還金國，中原人送給劉豫（劉豫是金人建立的傀儡政權）。他這「二策」更弄得群臣士民公開反抗。

在強大的輿論壓力下，高宗不得不於一一三二年6月，以專主和議、植黨專權的罪名，罷免了秦檜的宰相職務。後來，金人的使節來到南宋，提出的議和方法竟與秦檜的主張如出一轍。由此可以看出，秦檜確是早與金人串通。

秦檜被罷相之後，以靜觀待變處之。他深知，金人滅亡南宋的決心絕不會改變，南宋遲早還會主張和議，到時他也就會被重新起用。果然，一一三五年，金主粘罕死，其弟撻懶得勢。過了幾年，撻懶又恃兵威脅南宋。早已被嚇破了膽的高宗又起用秦檜為相，讓他主持議和。對於任秦檜為相，朝廷上許多正直的大臣表示憂慮，上書勸阻。高宗不聽。

一一三八年（高宗紹興八年）五月，金人派使前來，重申前幾次提出的議和條件，態度十分蠻橫。秦檜見高宗態度明朗，形勢在逐步朝有利於自己的方向發展，就不顧群臣反對，只抓住高宗一人，強行推行議和政策。

與金人談判前夕，秦檜曾多次與高宗密談。

第一次室談，秦檜說：「眾臣畏首畏尾，不足以與他們討論大事。和議之事，請陛下只與我一人商議，不要讓其他人干預。」高宗頷首。秦檜又說：「我對這件事很有信心。請陛下考慮三天再定，免得我行事時有所不便。」

過了三天，他們進行了第二次談話。高宗說：「我的信心已經很堅定了！」秦檜說：「恐陛下還有考慮不周之處，可再延三天！」

又過了三天，他們進行了第三次密談。秦檜覺得高宗的信心不再動搖了，就去堅定地實行他的投降方針。

議和時，金國派來的「諭江南使」首「明威將軍」帶來了議和國書，非要高宗跪拜不可，否則，議和即作罷。正在萬分為難之際，朝臣中有人引經據典，說是高宗守喪三年未滿，不能處理國家大事，如果行此大禮，既屬不孝，又屬不吉，金使這才勉強應允，由秦檜代行皇帝職權，跪在金使面前，在和約上簽字。

一一四一年（紹興十一年）四月，已被收買的秦檜以明升官職，暗奪軍權的辦法，把韓世忠、岳飛、張俊召入朝廷，「論功行賞」，任命韓世忠、張俊為樞密使，岳飛為樞密副使，削去了他們的兵權。

金兀朮聽到消息，十分高興，當即整頓軍馬，欲進攻南宋。出兵之前，威脅南宋把淮河以北的土地全部割讓給金國，並要殺掉抗金最堅決的將領。

於是，秦檜開始精心安排，準備殺掉岳飛等人。他先派諫官万俟卨製造偽證，然後又串通張俊，收買了岳家軍的重要將領張憲的部將王貴、王俊等，要他們俊誣告張憲和岳飛的兒子岳雲，藉此把張憲和岳雲捕入獄中。在送交高宗的「罪證材料」中，有一封偽造的書信，其中有岳飛令張憲舉兵之辭。高宗看了，驚懼不已，立即批准逮問岳飛。

岳飛被人騙入大理寺，看到岳雲、張憲遍體鱗傷，不禁怒火中燒。他袒出脊梁，露出母親所刻的「精忠報國」四個字。在場諸人無不震驚。問官何鑄在審查材料時見所告不實，就向秦檜請求撤銷此案。秦檜當然不肯，把案子轉交死黨万俟　審理。岳飛等人雖經嚴刑拷打，始終一言不發。

在迫害岳飛的過程中，秦檜已代表南宋，同金兀朮簽訂了「和約」，規定兩國以淮水為界，割唐、鄧二州與陝西諸地；歲貢銀兩、絹匹各二十五萬；北方人流寓江南者，任其歸回舊地。高宗不僅滿口答應，甚至心存感激。這就是宋金對峙史上的第二個「和約」，史稱「紹興和約」。

岳飛被關兩月有餘，秦檜等人還是找不到足夠證據。在逼迫岳飛畫押時，岳飛寫下「天日昭昭，天日昭昭」八個大字。後來，秦檜在老婆王氏慫恿下，發出密令，將岳飛、張憲、岳雲等人處斬。行刑之時，還特囑多設防衛，以免有人劫法場。對岳飛的親朋故舊也不放過，殺戮、流放，極盡迫害之能事。

對於岳飛的被害，當時就引起公憤。韓世忠已被罷職，還是當面質問秦檜：「岳飛到底犯了什麼罪？有何證據？」秦檜說：「莫須有。」「莫須有」是當時的口語，意思是也許有。韓世忠聽了，十分氣憤地說：「『莫須有』三字，怎能服天下人！」

秦檜就是這樣一個十惡不赦的奸徒，他之所以能興風作浪，就跟他縱奸有術大有關係。他善於見縫插針，造謠離間，撥弄是非，藉此製造南宋君臣以及群臣之間的矛盾，打擊異己，建立自己的勢力。他利用金宋之間的矛盾，抓住了金強宋弱的特點，利用南宋積弱不振的局面，討好金國，謀取私利。他利用新老皇帝之間的矛盾，抓住高宗極怕迎還「二聖」或是金人讓欽宗在北方立朝的心理，牽制高宗，讓他乖乖地跟著自己走。

他製造並利用君臣之間的矛盾，掌握住高宗對武將的疑忌和防範的心理，藉高宗之權，殺了岳飛。大臣李光在討論政事時頂撞他，他沈默不語，等李光說完，他才慢慢地說：「李光沒有做大臣的禮法。」結果使得高宗對李光大為不滿。

他還在群臣之間製造矛盾。張浚本是趙鼎的好友，曾推薦趙鼎為相，經秦檜離間，兩人竟反目成仇，張鼎反去幫助秦檜排擠張浚。後來，趙鼎也被秦檜排擠。趙、張兩人晚年在貶所相會，談起前因後果，才恍然大悟，知道為秦檜所騙。

就這樣，秦檜在朝廷之中竟能左右逢源。秦檜的這種做法看來很簡單，但要掌握到火候，十分不易。一旦使用純熟，往往能生出奇效。

12 激化矛盾

不顧道德、感情上的牽扯，靈活、主動地干預和應付臨時發生的問題，及時採取斷然措施，激化矛盾，使其朝著有利於自己的方向發展，這是小人常用的伎倆。劉騰就是利用幾次政變，鞏固並擴大自己的權勢和地位。

劉騰，字青龍，原是北魏平原城民，北魏政府將此地的部分城民遷徙，劉騰也隨著來到當時南兗州的譙郡（今河南商丘市東北）。後來因事受了宮刑，被送進北魏宮中當了一名宦官。劉騰資質伶俐，長期的宦官生涯，造就了他善於見機行事的性格，藉此從一個低級宦官，一步步爬上高位。

魏孝文帝元宏當政時，志欲統一南北，不斷進行討伐南朝的戰爭，並多次親自領兵南征。孝文帝的皇后馮氏與宮中一個叫高菩薩的人關係曖昧。狡猾的劉騰深知掌握皇后的醜行，在權力鬥爭中的價值，他驚喜而不動聲色地觀察著這一切。

孝文帝之女彭城公主喪夫後，馮氏欲將她再嫁給自己的弟弟。彭城公主不願意，馮氏以皇后的身分強行逼迫。公主被逼急了，趕去向孝文帝哭訴，並告發馮氏與高菩薩之間勾搭的情事。這時，恰巧劉騰奉命來見。孝文帝立即讓他證實公主所告發的事。狡猾的劉騰看出其中的利害關係，知道此時為馮氏效忠是死路一條，而揭發馮氏，既能討皇帝喜歡，也是自己晉升的一個機會。為此，他將自己所知道的隱祕合盤托出。果然如他所料，因為此事，他被升為冗從僕射。

從此，劉騰更加細心地揣摩主上的心意。不久，皇帝讓他和另一個寵臣茹皓到民間徵求美女。劉騰接到旨意，格外賣力，採用種種手段，將百姓中大批有姿色的少女帶到宮中，博得了皇帝的歡心，又被升為中尹、中常侍，並特加龍驤將軍封號。其後，又被升為大長秋卿、金紫光祿大夫、大府卿。

北魏延昌四年（五一五年），宣武帝元恪病逝，北魏宮廷中的政治鬥爭日益激烈。元恪有三個皇后：于氏、高氏、胡氏。其中高氏最有權勢，既是皇后，又與皇帝是表親。她生性善妒，害死了宣武帝寵愛的皇后于氏。宣武帝在世時，皇子全都早夭，後繼無人。後來，宣武帝又看中了胡氏。胡氏是一個很有心計的女人，很懂得在兇悍妒忌的高氏面前保護自己。

按北魏舊規，生子若立為皇太子，其生母就得被處死。所以，宮中后妃都願意生公主或親王，不願生太子。胡氏懷孕後，許多人勸她想個辦法，以便萬一生男孩後保命全身。她卻說：「天子怎麼能沒有後代繼承大位？我怎能因害怕一身之死，使皇家得不到嫡子？」宣武帝知道後很受感動。不久，她生了個男孩，即後來的孝明帝元詡。她不但未被處死，反而更受寵愛。

宣武帝死後，元詡即位，高氏成為皇太后，其生母胡氏成為皇太妃。這種格局，潛伏著一場宮廷鬥爭的危機。

當時已身居要位的劉騰對此中利害看得清清楚楚，鑽營升遷的本能促使他又在盤算著如何應付並利用這場危機，選擇誰作自己的新靠山。很明顯，高氏雖為皇太后，但宣武帝已死，她勢單力薄，不會有什麼前途。胡氏雖是皇太妃，地位低於高氏，但當今皇上是她的親兒子，而且年僅七歲，一切都得聽其母胡氏的。胡氏很可能取代高氏，原為皇太后，掌握大權。所以，劉騰暗暗選定了胡氏為新的靠山。

兇悍驕橫的高氏當然也感受到胡氏對自己的威脅，急欲使計將胡氏害死。劉騰偵知此事，立即告知侯剛、于忠、崔光等朝中重臣。他們馬上採取措施，將胡氏保護起來。高氏陰謀敗露，失去皇太后的地位，入瑤光寺當了尼姑。胡氏成了皇太后，並臨朝聽政，掌握了朝中大權。劉騰因為保護胡太后有功，被提升為崇訓太僕、中侍中，加封為長樂縣開國公，以後又升為衛將軍、儀同三司。這個自幼受到宮刑的宦官，此時竟娶了妻子，其妻且被封為鉅鹿郡君，所受賞賜僅次於諸公主。他所收養的兩個兒子，一個為郡守，一個為尚書郎。

胡太后執政後，荒淫無恥，與小叔子清河王元懌肆情淫亂，並委之以朝政。元懌與劉騰之間矛盾很深。劉騰身居要位，曾授意吏部提拔他的弟弟。元懌把吏部的奏章給壓了下來。對此，劉騰深為怨恨。胡太后的妹夫元乂也深受元懌壓制，對他懷恨在心。劉騰便與元乂合謀，定下了除掉元懌之計。劉騰捏造證據，指使御膳太監誣指元懌以金帛收買他們，企圖毒殺皇帝。孝明帝竟深信不疑。在孝明帝離開胡太后，前往顯陽殿時，劉騰將永巷門緊閉，把胡太后關在嘉福殿內。元乂也命衛士將元懌抓起來。劉騰又矯詔召集公卿，準備給元懌加上大逆之罪。眾人雖知元懌冤枉，但害怕元乂權勢，不敢持異議。只有尚書僕射游肇有異詞，但無濟於事。元懌當夜被處死。然後，乂、騰二人又矯詔廢掉胡太后，將她禁閉在宣光殿內。

劉騰透過宮廷政變，爬上了權力的頂峰，朝中的生殺大權皆握於他與元乂之手。朝中大臣每天早晨得到他府上恭候接見，知道他的旨意後，再到府署辦公，皇帝形同虛設。

ch.3 做人，頭不要抬得太高

俗話說：「千穿萬穿，馬屁不穿。」細細想來，實在很有些道理。只要行之有術，這兩大法寶，無論何時何地都能顯出神奇的效力。如果你能力欠缺，卻又祭不起這法寶，那就怨不得人了。

1 李蓮英謹慎逢迎

李蓮英是直隸河間府人。在清代，河間也像河北的南皮一樣，是個出產太監的地方。李蓮英的同鄉沈蘭玉就是慈禧太后身邊一個有頭有臉的太監。李蓮英的家境十分貧困，從小就失去父母。大概因失去管教的緣故吧，他吃、喝、嫖、賭，無所不為，是一個地道的流氓。他曾因私販火藥被逮捕，釋放後以縫皮鞋為生。後因羨慕沈蘭玉有錢有勢，就把心一橫，自己閹割了生殖器，投奔了沈蘭玉。

李蓮英先是在梳頭房當「侍奉巾櫛」的小太監。他深知，只靠這樣一天天地熬下去，無論如何也熬不出頭。所謂「皇天不負有人心」，機會終於來了。

一次，慈禧想改一種新的髮型，弄來弄去都不滿意。一連幾天，梳頭的太監挨罵挨罰，無計可施，回到房裡，成天垂頭喪氣。李蓮英一聽，計上心來，立即跑出宮去，鑽入妓院。妓院原是他過去經常光顧的地方，此次前來，卻非為了領略妓院風光，而是為了向最會打扮也最趕時髦的妓女討教。他在妓院裡刻苦學了三天，掌握了幾種最新、最漂亮的髮型。

回宮之後，他央求專門替慈禧梳頭的大太監向慈禧推薦自己。梳頭太監怕再挨罰，不敢推薦。他再三懇求，並親做了示範，梳頭太監這才向慈禧報告。再加上他的老鄉沈蘭玉也向慈禧吹風，說他心靈手巧，慈禧就同意讓他一試。

李蓮英知道，此後半生全在這次梳頭上了，押對了寶，飛黃騰達，否則就雞飛蛋打。他使出了渾身解數，把從妓院裡學來的本領盡數使在慈禧的頭上，給她梳了一個當時妓女中最流行的髮式。梳完以後，慈禧左照照，右照照，十分滿意，心情也就好了起來。一高興，就讓李蓮英當了梳頭太監。

第一步繼續努力，極力取得慈禧的信任。他知道，只有成了慈禧的心腹，才能長期受寵。他無時無刻不在尋找這樣的機會。

機會終於來了。咸豐皇帝知道慈禧十分能幹，又有野心，怕自己去世以後慈禧專權，於是跟當時的權臣肅順商議，欲效漢武帝時鉤弋夫人之故實，把慈禧處死。鉤弋夫人是漢武帝晚年最為寵愛的妃子，漢昭帝劉弗陵的生母。武帝臨終前，怕自己死後，弗陵登基，鉤弋夫人母以子貴，再加上十分年輕，容易干政專權，就把她處死了。咸豐欲借鑑前朝故事，其用意十分明顯。

真是天賜良機於李蓮英，咸豐這些話，偏偏被他聽見了。連夜出宮，跑去通知慈禧的妹妹。慈禧的妹妹是慶親王的老婆，聽到這一消息，嚇得連站都站不起來。第二天一早，她就趕進宮中，告知慈禧。

慈禧性格沈著老辣，經過一番周密的策劃，使用各種手段，調動各種力量，對咸豐施加影響，動之以情，曉之以理。咸豐被惹煩了，只好把處置慈禧的事擱了起來。

咸豐死後，同治即位，時年只有五歲。慈禧搞了一次政變，殺掉了咸豐臨死時指定的三個「顧命大臣」，罷免了其他「顧命大臣」的職務，掌握了宮廷權力。從此，她開始了長達近五十年的統治生涯。李蓮英由於這次告密和在政變中出了力，被慈禧視為心腹，並逐漸取得政治上的好處。

李蓮英自始至終都貫徹他的四字方針：謹慎，逢迎。

一次，慈禧出宮，路過李蓮英的府第，見李府門上掛著「總管李寓」的匾額，凝望了片刻。

李蓮英雖是太監總管，但掛上這種牌匾，未免招搖。他沒有忽視慈禧的神情，回宮以後，即刻向慈禧請假，回到家中，摘下匾額，撕下上面的金字，再跑回慈禧的面前說：「奴才不常回去，小太監不知好歹，居然在家門上寫了『總管李寓』的匾額，奴才這是頭一回看見。奴才剛才回家一趟，摘下了匾額，撕下了金字，把那個混帳小太監狠打了一頓，送內務府查辦了。」

慈禧心裡本來有點不高興，聽他這麼一說，便煙消雲散了，要他放了那個小太監，不必送內務府查辦了。

李蓮英之謹慎，一至於此。

至於逢迎，李蓮英更是挖空心思。當了梳頭太監之後，他很快把慈禧的喜惡摸得一清二楚，往往不待慈禧開口，就能事先替她安排好，弄得慈禧十分舒服。他休假時，由別的太監服侍慈禧，簡直是動輒得咎，受夠了責罰，以至於許多太監總是跪請他不要休假。那些對他本心懷怨恨的太監，見除了他，實在無人能使慈禧滿意，也就不再想扳倒他了。

慈禧經常到太監值班的屋子坐一會。待她離去之後，李蓮英就把她坐過的凳子用黃緞子布包起來，從此再也無人敢用屁股去沾一沾這凳子。日子一長，屋子裡的十二把凳子竟有八把包上了黃布。慈禧見了，覺得李蓮英真是又細心又忠誠。

這是小逢迎。至於大逢迎，可大到禍國殃民了。

頤和園的修建耗資三千萬金，這些鉅款從何而來？原來，自從中法之戰，中國在馬江失敗之後，福建水師喪失殆盡，清政府決定大辦水師。這事由李鴻章主持。但李鴻章接連奏請朝廷，撥下經費，卻總不獲准。李鴻章無奈，只得親自到朝中打點。

李蓮英傳出話來，對李鴻章說：「太后近年老想找個地方靜居，要造個園子，只愁沒有款項，時常感到煩躁，所以遇到各省籌款的奏摺，往往不許。」

李鴻章聽了這話，看出李蓮英的意思，兩人立即密商起來。片刻後，兩人定議，藉由建海軍籌款的名目，責成各省每年定期定額輸款，就中提出一半，做籌建頤和園的經費。

慈禧得知之後，當然十分高興，連連誇獎李蓮英忠心能幹。李蓮英深知，慈禧如果失去了權勢，自己也難保項上人頭。於是，他開始經營狡兔「三窟」的謀略。

他見光緒帝即位，氣象不凡，便想把自己的妹妹獻給他。光緒看透了他的用心，不加理睬。慈禧卻很喜歡李蓮英的這個妹妹，暱稱她為「大姑娘」。後來，李蓮英又巴結上光緒的老婆隆裕皇后。在光緒想要處置他時，隆裕皇后總是從中勸阻。

李蓮英無惡不作，禍國殃民。他公開賣官鬻爵，肆意收受賄賂，積累了鉅額財富。在他死後，宮中的存銀未及起出，很多人為侵吞他的財富，爭得你死我活，後來被隆裕皇后據為私有。他歷年來搜刮的財富，宮內宮外加起來，達上千萬兩之多。

俗話說：「千穿萬穿，馬屁不穿。」大多數人都喜歡逢迎。更何況，有些逢迎並不僅僅是空口說白話呢！所以，善於逢迎之人往往易於發跡。但是，發跡之後，若得意忘形，就不能保持長久。像李蓮英這樣以謹慎貫穿始終，在封建統治者眼裡，就顯得彌足珍貴了。所以他能壽終正寢。

李蓮英一生大量受賄於朝廷內外官員，但受賄的地點從不選在皇宮之內。比如，白雲觀的後花園就是他的一個受賄之處。據說，在皇宮裡，有三間大屋存放著他的幾百萬兩白銀。他因懼怕財產之鉅，招來大禍，在慈禧死後，離開皇宮之前，全部捐給了朝廷。但在宮外，他仍有鉅額存款。

李蓮英為人有一定的政治眼光。他連任了同治、光緒兩朝內務府大總管，得到的一切靠的全是慈禧。一九〇八年，光緒和慈禧相隔一天，先後死去，李蓮英在料理了喪事之後，絲毫不再貪戀權勢，離開了他待了幾十年的皇宮。三年後，他一命歸西。

2 鄧綏示弱，擊敗陰皇后

永元七年（九五年），漢和帝年屆十七，在全國範圍內選美女充實後宮，當時年方十五的鄧綏就在其中。鄧綏高大、豐滿，有沈魚落雁之貌，閉月羞花之容，在應選的眾多美女中仍是出類拔萃，宮中人都為她的美麗所折服，而且她為人聰慧，非其他女子所能比，所以，一進宮便得到和帝的無比寵愛，第二年冬天便被封為貴人。皇后陰氏從此被皇帝疏遠。

鄧綏深知宮中的鬥爭異常殘酷，她這麼一個弱女子剛剛進宮，還沒有可以利用的資源，必須善處其中，平和待人。所以，皇帝對她越是寵愛，她越是謙遜，一言一行都恪守宮廷禮法。對陰皇后，她更是小心侍奉，關懷備至。與其他嬪妃相處，她經常克制自己，避免與她們發生衝突。她還常給宮中的宦官、雜役等人施以小恩小惠。這麼一來，時間久了，宮中對她經常一片讚美之聲，和帝對她也更加寵愛。

有一次，鄧綏生病，和帝批准她的母親、兄弟入宮探視，不限制看望的時間和次數。這是皇帝的特恩。鄧綏卻辭謝道：「宮中是禁地，陛下讓臣妾的家人長時間在內廷逗留，會使陛下擔上存私之名，臣妾對此深表擔憂。這麼做，對上、對下都不利，懇請陛下收回成命。」這番話著實令和帝感佩，連聲讚歎：「別人都以能多次進入內廷為榮，你卻深以為憂，自我抑制，真是難能可貴啊！」

內廷中的皇后、嬪妃都過著窮奢極欲的生活。她們佩戴各種各樣的金銀手飾，身穿亮麗的衣服，呈現出一派富貴俗豔之氣。鄧綏卻反其道而行，不加修飾，不戴飾品，只穿淺色素雅的衣服，在一片俗豔中猶如出水芙蓉，更使和帝喜愛有加。同時，此舉也使陰皇后和其她嬪妃感懷她甘心淡泊，不爭寵獻媚。

鄧綏害怕得罪陰皇后，所以，每當和帝臨幸，她都稱病請免。和帝卻毫無節制地臨幸其她嬪妃，生了不少皇子，卻都因先天不足而早夭。鄧綏非常著急，常常為此哭泣、歎息。

和帝寵愛鄧綏，宮中對鄧綏也是一片讚美，使陰皇后看在眼裡，氣在心頭，好幾次對鄧綏惡語相向。

一次，和帝病重，陰皇后暗地裡說：「皇帝死後，我臨朝稱制，一定要把鄧氏滿門抄斬，不留一個活口。」這句恨話被宮內雜役聽到了，很快傳到鄧綏耳裡。

鄧綏為此痛哭，哀訴道：「我竭心盡力侍奉皇后，她卻還不能容我！看來，我確實應該死了。婦人雖無從死之義，但我一死可以上報皇帝的寵愛，中解宗族之禍，下不使皇后招『人彘』之譏。」

話中所言「人彘」，有個典故：漢高祖劉邦死後，陰險毒辣的呂后迫害劉邦生前的寵妃戚夫人，將戚夫人的手足全都砍去，讓她住在豬圈中，稱她「人彘」。鄧綏這番話，無疑是將陰皇后比作呂后。說完這些話，她拿起毒藥，就要往嘴裡灌。幸虧她身旁的宮人將她攔住，奪走了毒藥。

這件事傳到了和帝耳裡，對陰皇后的話非常氣憤，對鄧綏更加憐惜。

永元十四年（一〇二年），陰皇后因武蠱、詛咒一事被廢，憂愁而死。不久，鄧綏由貴人晉封為皇后。

3 段祺瑞「達意」，見寵袁世凱

上司的意圖往往捉摸不定，善逢迎者必須下功夫掌握他的心意。段祺瑞就是一個善於達意的人。他從一名勤務兵升至陸軍大臣，「達意」二字起了關鍵作用。

段祺瑞，字芝泉，安徽合肥人，一八六五年3月6日生於一個官宦人家。祖父段佩，在太平軍起義之後，參加了地主武裝——團練，擔任哨官。後升至管帶。一八六一年加入李鴻章組建的淮軍，官至淮軍統領，授「榮祿大夫，振威將軍」。

段佩對孫子段祺瑞抱著很大的期望，在段祺瑞8歲那年，將他帶到江蘇宿遷，讓他在離兵營不遠的一家私塾讀了7年書。因此，段祺瑞對兵營的生活非常熟悉。段祺瑞15歲時，祖父段佩病死於軍中。他將祖父的靈柩送回合肥安葬，然後回營，當了一名勤務兵。

段祺瑞的發跡得益於袁世凱，袁世凱的發跡得益於在天津小站訓練新軍。因袁提拔，段祺瑞多次兼任陸軍學堂的督辦、教習等職。因此，軍隊中有許多軍官是他的學生。後來，段祺瑞當上北洋政府的陸軍總長和內閣總理，他的這些學生有許多都聚集在他的麾下，形成很強大的勢力。

為什麼段祺瑞能受到袁世凱的信任與重用呢？一方面是因為他剛毅、果斷，敢任事，且掌握了先進的軍事知識；更重要的是，他工於心計，善於體察袁世凱的意圖，經常適時給袁世凱出謀獻策。

袁世凱凡有重要的事，都要聽取段祺瑞的意見。一九〇七年8月，清廷見袁世凱實力太強，已構成對清政府的威脅，就明升暗降，調袁世凱為軍機大臣，袁的親信也隨之被任命為有職無權的職務。段祺瑞被任命為鑲黃旗漢軍副都統。一九〇八年，清廷藉口袁世凱染患足疾，將其開缺回原籍養病。

一九一一年10月10日，武昌起義爆發，革命軍推舉黎元洪為都督。清政府將北洋軍編成兩個軍，由陸軍大臣蔭昌率第一軍南下鎮壓革命軍，第二軍由馮國璋率領，留守北方。北洋軍是袁世凱親自訓練，一手操縱的軍隊，蔭昌指揮不動，在前線不肯用力作戰，因而革命軍取得節節勝利。清政府不得已，重新起用隱居於彰德洹上村的袁世凱。

10月14日，清政府任命袁世凱為湖廣總督。袁世凱以足疾未癒，不肯出山。但他認為東山再起的時機已到，祕密電召段祺瑞、馮國璋等人到洹上村密商。段祺瑞是因在職官吏，不得擅離職守，便騎馬由小道赴彰德，走了7天才到達。

清廷見袁世凱不肯出山，又任命他為欽差大臣，全權調度海陸軍。袁世凱看時機已成熟，就復出主持軍事，派馮國璋代替蔭昌，到湖北前線指揮作戰，由段祺瑞接管第二軍，留守北方。

段祺瑞赴北京接任途中，袁世凱又被任命為內閣總理大臣。袁世凱令段祺瑞速往山西處理「善後」事務。這時，山西已爆發革命，閻錫山被推舉為都督。清政府派石家莊第六鎮統制吳祿貞前往鎮壓。吳也是革命黨人，與山西協商，合兵一處，進攻北京。袁世凱收買吳祿貞手下一個騎兵營長，於11月7日，將吳刺死於石家莊火車站。吳被殺，革命軍進攻北京之舉遂戢。

不久，袁世凱回到北京，任命段祺瑞為湖廣總督，統領第一軍，負責指揮湖北軍事，而讓馮國璋北上統領禁衛軍。

袁世凱為什麼讓段祺瑞代替馮國璋呢？他自有主意。馮國璋人稱為「北洋之狗」，對袁世凱、對清廷忠心耿耿，俯首聽命。然而，他不善揣摹袁世凱的心意，在武昌前線猛攻，攻占了漢口，又攻占了漢陽，並對武昌進行炮擊。

袁世凱眼光敏銳，看出清王朝已走向窮途末路，這次革命運動，決非武力所能解決，必須採用軟硬兩種手段。他要借革命軍的力量逼清帝退位，結束大清帝國已只懸一線的脈息，最終從中取利。這是一箭雙鵰，既要射中革命軍，又要射中清政府。

要實現這個目的，靠馮國璋，辦不到。馮國璋不理解他的心思，主戰不主和，甚至以文天祥、史可法自詡。袁世凱知道，讓馮國璋留在湖北前線，他必然只顧進攻，不顧其它。這樣會促使革命勢力進一步高漲，他挾敵自重的目的就不會達到。

當時清廷雖重用袁世，對他卻仍十分猜疑。因此，袁需要一個對他忠心耿耿的心腹去控制禁軍。馮國璋在武漢前線剛立戰功，讓他到北平控制禁軍，必然不致被清廷懷疑。

出於上述考慮，袁世凱讓善解人意的段祺瑞和馮國璋對調，段南下，馮北上。

段祺瑞很理解袁世凱的心意，到湖北前線之後，立即下令停止炮擊武昌，並透過關係，與革命軍總司令黃興的代表談判。雙方達成協議，其中明確規定：「先傾覆清政府者為大總統。」

袁世凱心中想議和，口中不能講。他人在北京，如講議和，仍有性命危險，而且要擔當背叛清廷的千古罪名。因此，議和這件事必須讓一位「聰明」的人去辦段祺瑞就是最合適的人。

段祺瑞雖然摸透了袁世凱的心思，但這件事非同小可，必須充分證明袁世凱想議和，才能做得有的放矢。於是，他派廖宇春到北京打探消息，廖到了北京，從袁的長子袁克定口中知悉，關於共和之舉，袁世凱「心中已認為然，口不能言耳。」

既已瞭解袁世凱的確切意圖，段祺瑞就和第一軍參贊官靳雲鵬及廖宇春等研究制定了實現共和的三策：一、運動親貴，由清廷自動降旨宣布共和。二、由軍隊聯名要求共和。三、用武力威脅清廷宣布共和。

靳雲鵬進京見袁世凱，表示第一軍願擁戴袁任大總統。袁世凱口是心非，還假惺惺地歎息軍隊、軍心怎麼一下子變到如此地步？最後，他說：「你們握有兵權的這樣做，我還有什麼話說？但要讓我有面目與世人相見。」這就等於告訴靳雲鵬：隨你們去幹，只要不讓我落個篡權之名就行。此時，孫中山就任臨時大總統，也表明袁若能傾覆清廷，願讓位於袁。

段祺瑞從湖北前線發電致清廷王公大臣，要求代奏，准許實行共和。內閣收到段電的第二天，徐世昌、袁世凱、馮國璋、王士珍四人聯名，表示反對共和，不能代奏。袁世凱反對共和是假，只不過玩弄陰謀，標榜自己清白。段祺瑞的第一策失敗。

一策不成，段又行第二策。他聯合了46名北洋將領，發出主張共和的電文，副清帝退位。清廷親貴一片驚慌，只能儘量拖延時間，期待時局發生新的變化。

段祺瑞決定實行第三策：武力威脅。他與8名協統以上的將領聯名發電，聲稱要帶兵進京，與王公大臣剖陳利害。隨後，將司令部從湖北孝感撤至河北保定，做出率兵入京的樣子。

一九一二年2月11日，隆裕皇太后決定退位。第二天頒退位詔書，大清帝國覆亡。2月13日，孫中山辭職。3月10日，袁世凱就任臨時大總統。

段祺瑞為袁世凱當上臨時大總統立下汗馬功勞，袁世凱一上任，立即委任他署理陸軍首領。3月20日，又正式任命他為內閣陸軍總長。9月7日，段祺瑞與黎元洪、黃興同時被授以勳位。

清廷退位，段祺瑞撈到了政治資本。他兩次領銜發出「主張共和」的電報，受到許多人稱頌。有人說他「三造共和」，這就是其中之一。清朝被推翻，應歸功於大量仁人志士和革命者的浴血奮鬥，而不能歸功於袁世凱、段祺瑞之流。他們是利用革命力量達到自己的目的，篡奪了革命的成果。

段祺瑞在逼清廷退位中的表現，使袁世凱對他更加信任，有關軍事上的重大決策，幾乎都與他商量之後再做決定。段祺瑞對袁也是忠心耿耿，竭力效勞。其後，在袁世凱打擊責任內閣，排斥、迫害革命黨的鬥爭中，段氏再次起到重要的作用。

一九一三年6月，袁世凱罷免李烈鈞贛督、胡漢民粵督、柏文蔚皖督之職。7月12日，李烈鈞在江西湖口宣布獨立，「二次英命」爆發。段祺瑞身為陸軍總長兼代理總理，調兵遣將，出謀獻策，打敗了李烈鈞等人，鎮壓了二次革命。

黎元洪在辛亥革命後，被推舉為都督，後又當選為副總統，手中有兵、有地盤。

袁世凱為了控制黎元洪，讓他進京，黎不肯進京，袁派段祺瑞去摧，黎元洪被迫進京。黎尚在途中，段祺瑞即受命署理湖北都督，端了黎的老窩，使黎無兵無權，只能在北京幽居，形同軟禁。

段祺瑞學兼東西，胸有大志，為人剛毅、沈著、幹練，具有一定的政治眼光。他在辛亥革命中，能預見到清政府必然滅亡，贊成共和，促成共和，表現出一定的睿智。這一點，在他後來反對袁世凱稱帝時也表現出來。但他骨子裡是反動的，他贊成的共和，實際上是北洋軍閥的獨裁，沒什麼民主可言。

4 陳宧袖藏三策升官

上司的意圖若不容易揣摹，可以多想幾條對策。不到最後關頭，不可輕易表態。一旦捕捉到上司的一點點意圖，馬上把最和上司意見接近的對策獻上，上司一定會對你大家讚賞。

陳宧，一八六九年生於湖北安陸，字二庵。北洋武備學堂出身。曾隨鐵良在四川、雲南辦過講武堂。鐵良任東三省總督時，陳任第二十鎮統制。

袁世凱竊國之後，陳宧任參謀部次長，很受寵信。

一九一五年，陳宧奉袁世凱之命，率北洋軍三旅入川，督理四川軍務。次年，蔡鍔率護國軍由滇入川，他在瀘敘一帶頑抗。因南方各省先後討袁，他被迫宣布獨立，旋為川軍驅逐出境。

陳宧早年未發跡時，讀書於邑中漢東書院（抗戰前的湖北省立第十中學）。

一八八七年夏曆新年將至，同學們都回家與家人團聚，但陳宧仍留院苦讀。

陳宧刻苦攻讀，終因跟隨鐵良而嶄露頭角，名重京師。

後來，陳宧離開鐵良，往投黎元洪；旋又覺得黎元洪是個草包，難成大氣，改投袁世凱。陳宧因足智多謀，受到袁的重用，成為袁的心腹。

袁世凱每次諮詢政要，陳宧都會察顏觀色，絞盡腦汁，揣測袁的意圖。只要是袁世凱的想法，他就投其所好，曲意逢迎。

靠此本事，他當上了參謀總長。

陳宧每有要事，就寫出左、中、右三策，每策皆有具體提綱，並詳加說明，左策藏於左袖中，右策藏於右袖中，中策置於靴筒內。

遇袁世凱徵詢，他總是先洗耳恭聽，不露聲色，盡心窺測袁的心意。待得知袁世凱的確切想法，就拿出與此想法相符的一策奉上，謙卑地說：「誠惶誠恐，學生已寫出成策在此，敬請恩師縱覽。」

陳宧以三策相機應對，幾乎百發百中，每次都使袁世凱驚歎不已，連連稱讚：「英雄所見略同，所見略同。二庵所見，實合我心！」

陳宧曾向袁世凱獻了收買黎元洪，然後斷絕黎元洪與革命軍的聯繫，逼黎倒向袁世凱，再迫他入京的計謀，被袁採用，並取得成效。

袁信任他，叫「太子」袁克定與他結拜，並認他為乾兒子。

一九一五年，袁世凱命陳宧入川，督辦四川軍務。

臨行，陳宧兩眼淚汪汪，長跪不起。他心知袁要稱帝，想藉此表明心跡。陳宧說：「欲求中國振興，非復帝制不可。」

此話正中袁世凱下懷，聽在心理，舒暢得很。但他仍一本正經地表示，他立志共和，絕無稱帝之心。

陳宧很瞭解袁世凱的心思，因而頓首不起，也顧不得衛生，一口將袁世凱的靴頭狠狠咬住，死死不放，表明：「父親如不答應稱帝，孩兒將長咬不放！」

袁世凱深感陳宧忠心可嘉，沈吟道：「兒此等忠心，為父焉有不納之理……為父會認真考慮此事！」

陳宧帶兵入川，連戰皆勝。但一年之後，全國各地高舉反袁義旗。陳宧在形勢逼迫下，也只得宣布四川「獨立」。

陳宧為了巴結袁世凱，曾將自己的小妹獻給袁世凱，被袁世凱納為妾侍。這個小妾很討袁世凱的歡心。後來袁世凱聽到陳宧在四川宣布獨立的消息，立即昏倒在地。當時陳宧的妹妹正在跟前服侍，急忙將他扶起。待袁世凱甦醒過來，見陳妹在，不由大怒，立即拔刀殺了她。

官場就是如此險惡，昔日義兒義父，轉眼變成仇人。

5 做一個富含母親味道的溫情給予者

到小餐館吃飯，是否曾經聽過老闆娘用斥責的口氣對客人說：「不要再喝了，該回去了，明天還要上班哪！」這樣的話，乍聽之下，實在不是店家的招呼之道。可是，那些被斥責的客人竟一副無所謂的樣子，甚至還有些沈醉。這小店實在沒有什麼值得誇獎，唯獨老闆娘這份母親味道般的親切令人難忘。

類似這樣的館子，老闆娘和顧客之間的關係很微妙。她們那種溫和的斥責，恰巧彌補了遊子的思鄉情懷。這正是這種小餐館生意鼎盛的原因。這種類型的經營者看似性格直率，實則是利用顧客的撒嬌心理，並由顧客的依賴，得到相應的回報。

古代的皇帝，實際上是情感上的饑渴者，位高權重，異常孤獨。太監就是能給他們提供特別溫情的一類人。能在感情上使皇帝得到寄託，他哪能不聽你的話。

小人很擅於揣摩人的內心情感，他們認準的目標，總是一下子就落入他們預設的甜蜜陷阱，誤認他們為知己。小人就是那種沒有一個真正的朋友卻曾有很多人把他們誤認為知己的人。對上司投入一點虛假的感情，換來的是上司給予的無限權力。

6 馮妙蓮「食色」騙取感情

北魏孝文帝元宏，公元四六八年出生於平城紫宮，是獻文帝的長子。被立為太子時，因鮮卑人「立子殺母」的規矩，母親李夫人被殺，由馮太后撫養。他3歲時立為皇太子。5歲時，獻文帝入居崇光宮禮佛，自稱太上皇，將皇位傳給他。公元四七六年，馮太后毒死獻文帝，臨朝稱制。此時元宏年方10歲。

孝文帝5歲就做了皇帝，一直在馮太后的羽翼下苟且度日。隨著年齡的增長，他在許多方面和馮太后發生衝突。他的皇后馮妙蓮就是馮太后一手安排。

先是孝文帝的長子元恂長大了，馮太后立元恂為太子。按宮中慣例，立子殺母，將太子的母親林氏賜死。

林氏死後，馮太后把自己的哥哥馮熙的女兒馮媛、馮妙蓮、馮姍先後送入宮中，要皇帝從中選出一位皇后。馮媛是馮熙的正室博陵長公主的女兒，馮妙蓮、馮姍是側室常氏的女兒。常氏是南方人，出身平民，但長得標致，人很聰明，又極有心眼，因而在馮府中地位穩固，很有影響力。

太和十二年（四八八年）六月的一天，馮熙恭請太皇太后和皇帝遊園賞荷。太后吩咐，讓馮熙召來女兒，晉見孝文帝。馮媛這時13歲，長得清秀美麗，但還沒有長大，發育未全。她按北方習俗中閨女的傳統打扮，梳平頭，頭髮上略加彩飾，身穿紫綢短襖，高領、窄袖，顯得極為端莊。馮妙蓮17歲，馮姍16歲。馮妙蓮長身玉立，豐腴動人，尤其一雙丹鳳眼，能勾人魂魄。馮姍也是羞花閉月，風采照人。常氏很疼愛這兩個女兒，當然希望這兩個女兒能被皇帝看上，選為皇后。

常氏瞭解孝文帝，知道這個聰明的年輕皇帝很喜愛江南，喜歡漢族文化。因此，她將兩個女兒按照南朝貴族女子的樣子打扮起來，一頭秀髮，梳成變化多端的飛雲髻，髻上斜插珍珠鳳釵步搖；身上穿一套緊身粉色綢衫，顯得曲線生動，洋溢著無窮的韻致；綢衫之外再披一條淺紫輕紗，仙氣縹緲，十分迷人。

馮妙蓮、馮姍姐妹姍姍而出，婀娜多姿，如一道耀眼的金光，令孝文帝春心蕩漾，不能自已。孝文帝見慣了北方女子平頭、高領、窄袖、短襖、燈籠褲的裝束，冷不丁見了南朝的飛雲髻和髻上令人心醉的步搖，禁不住心醉神迷。馮太后問他馮太傅的這幾個女兒如何？孝文帝自然讚歎：明豔可愛。馮太后問他喜歡哪一個，可以選入後宮。孝文帝說都很喜歡，由太后做主。馮太后說：按照禮制，正室博陵長公主的女兒馮媛選為皇后最合適，只是她才13歲，年紀還小了點，等長大一點再說，先將馮妙蓮、馮姍送入後宮。馮熙立即贊同。就這樣，馮妙蓮、馮姍姊妹進入宮廷。

孝文帝擁有了這兩姐妹，寵著她們，封她們為貴人；每日出入這兩姊妹的宮室，看她們彈琴、畫畫、讀書、寫字，一同飲食，一同起臥，十分愜意。

馮妙蓮長於風月，很懂得賣弄風情，吸引情竇初開的年輕皇帝。她知道，欲使皇帝離不開自己，除了肉體的引誘之外，要點在於風度、氣質、修養。她極有心機，得知孝文帝喜歡吃鵝掌，喜歡音樂、文學，便在這方面狠下功夫，並獲得母親常氏的大力幫助。常氏選了四個妙齡女子，請江南的師傅教授絲竹音樂和歌舞技藝，調教得歌喉、舞技出神入化。馮妙蓮將這四個女子留在身邊，以備助興。與此同時，她潛心於烹飪，尤其精研鵝掌的製作方法，料理得美味絕倫。

南陽王劉昶是南朝宋文帝的兒子。宋廢帝劉子業即位後，荒淫無道，亂殺宗室。劉昶待不下去了，便逃奔北魏投降，北魏封他為南陽王。劉昶是南朝貴族，對於聲色、犬、馬、音樂、歌舞、絲竹管弦，無所不通，魏廷王公貴戚、文武百官無不敬慕。常氏和馮妙蓮母女時常向這位南朝貴族討教，學習烹製美味，求教音樂歌舞。

馮妙蓮花樣百出，用各種方式吸引著孝文帝，孝文帝陶醉其中。惜乎好景不長，到馮氏姊妹入宮第三年，災難不期而至。先是妹妹馮姍難產而死，緊接著馮妙蓮身染咯血重症，一病不起。御醫都診過了，可這病十分古怪，就是治不好。

恰在這時，後宮來了一個傾國傾城的高麗美女，遠勝過馮氏姊妹。孝文帝被高氏的美麗驚呆了，漸漸對馮妙蓮心不在焉。

馮妙蓮的病越發沈重。太后考慮將她送出宮外，安心靜養。這主意也得到馮妙蓮的認可。剛好馮府有座家廟，很幽靜，適合養病。於是馮妙蓮離開皇宮，回家養病。

馮太后想把馮熙的小女兒馮媛迎進後宮，立為皇后。便吩咐下去，將馮媛裝扮一新，送入後宮。但馮媛小巧玲瓏，仍未完全發育；且她那北方女子的裝扮，沒有一絲馮妙蓮姊妹南朝女子的迷人風韻，孝文帝自然興致全無。

太和十四年九月，即公元四九〇年，馮太后臥病不起，不久便離開了人世。孝文帝三年服喪期滿，四九三年，遵照馮太后生前遺願，冊立馮媛為皇后。仁孝寬厚的孝文帝對身為皇后的馮媛由衷敬重，兩人彬彬有禮，相處得很是客氣。

後來，馮媛的父親馮熙病故。接著，她的哥哥馮誕也去世。孝文帝對馮熙、馮誕父子感情極深，便移情於馮媛皇后，將一腔愛憐都化作深情，寵愛著她。馮媛悲喜交加，心中充盈著悲涼和幸福，過了一段歡快舒心的日子。

再說那馮妙蓮自走出深宮以後，入居家廟，潛心調養，病情終於有所好轉。常氏為女兒的病傾注了全部心血，四處打探，懸賞求醫。不久，馮府來了一位身強體壯的河北漢子，專治女子疑難雜症，藥到病除，人稱高菩薩。常氏以重金禮聘，請他替馮妙蓮治病。高菩薩年方三十餘歲，正當壯年，精氣旺盛，偉岸俊美，氣質高貴。他尤其長於房中祕術，能迅即讓女人進入興奮狀態，快活得死去活來。一場歡愛之後，好生將養，可令病情消退，血脈暢通，百症自癒。

馮妙蓮在高菩薩的特殊治療下，很快奇蹟般地康復。她的病完全好了，高菩薩照舊藉口看病，前來看望，馮妙蓮也不拒絕。兩人眉來眼去，難捨難分。高菩薩本就健壯，又通房中祕術，還有不少春香、春藥。馮妙蓮雖然縱慾其中，異常快活，但總希望有朝一日重返皇宮，坐上皇后的寶座。她在等待著機會。

孝文帝受漢化影響極深，瞭解漢儒經史，一直仰慕中原文化。馮太后去世後，他親政理事，決意變更胡人風俗，全盤漢化，並決定遷都洛陽。

洛陽新宮建好之後，孝文帝親赴平城，將列祖最宗的神主牌位從太廟中請出，移祀於洛陽太廟。這次純政治性，莊嚴肅穆的活動給了馮妙蓮一個良機，從而改變了她的一生。

馮熙當時還在人世，官至太師。只是體弱多病，臥床不起，受皇帝特旨，留平城馮府家中調養。皇后馮媛已經統率後宮妃嬪遷居洛陽。她很想念父親，苦於不能親奉湯藥，焦慮不安。孝文帝答應，到了平城，一定前去看望馮熙。

馮熙得知皇帝要到府上，自然十分高興，吩咐一應人等立即準備迎接聖駕。

在家廟中縱情玩樂的馮妙蓮聽到這個消息，知道機會來了，便按下自己正旺盛的情慾，定計重返皇宮。

她知道，自己能否重返皇宮，很大程度上取決於父母。如果父母配合，一定大有希望。她先拜見母親，把自己的心思告知。常氏要她一同參加家宴接駕，皇上便會記起。馮妙蓮想了想，覺得不妥。因為家中人員太多，不容易引起皇帝的注意；而且她是奉命在家廟修養，混跡於大眾之中，更為犯忌。

常氏沒了主意。馮妙蓮卻已計上心來：「皇上不是喜歡吃鵝掌嗎？我做的一手鵝掌美味，皇上當年在宮裡百吃不厭！如果皇上能在家用膳，我親自烹調，做一道鵝掌，讓皇上嘗嘗，皇上一定會記起我。待他問起，我不就能和皇上相見了嗎……」

常氏覺得這辦法可取，就說動馮熙，讓他千萬留皇上在馮府進膳。馮熙病重臥床，面現難色。馮妙蓮這時來到病床邊，淚汪汪地叫著父親，懇求道：「這是最後一次機會，錯過了，想再見到皇上就難了！那樣活著，女兒倒不如一死！」

馮熙在常氏母女說動下，終於同意。天從人願，一切都按馮妙蓮的設想，十分順利。孝文帝講求節儉，進食總是適可而止。馮妙蓮的第三道菜就是鵝掌。孝文帝吃到這道菜，立刻憶起馮妙蓮，問陪同進膳的馮熙之子馮夙，這道鵝掌是出自何人之手？常氏立即回說是女兒馮妙蓮。

孝文帝想起了平城後宮那段美好的日子，再也坐不住了，立即擺駕前往馮氏家廟。家廟中佛堂素雅，窗明几淨，桌椅纖塵不染。堂中香爐內燃著檀香，沁人心脾。室內花木幽香，宛如仙境。馮妙蓮早一步回來，換了一身素雅高貴的天青長衫，繫一條寶藍色長帶，配著清瘦白皙的瓜子臉，道士髻，清雅嫺靜，超凡脫俗，真如一位飄然仙子。

多情好雅的孝文帝被這風韻迷人、滿目風情的素雅仙子迷得靈魂出竅，立即上前擁住。有了這個開端，他便再也離不開馮妙蓮。馮妙蓮隨侍孝文帝，離開家廟，回到洛陽。馮妙蓮風情萬種，長於風月，又學會了調製春香、春藥，孝文帝很快便又拜倒在她的裙下，不能自拔。不久，馮妙蓮便進封左昭儀，地位僅次於皇后馮媛。

馮媛對馮妙蓮的入宮奪愛深為不滿。她比馮妙蓮小，雖叫馮妙蓮為姐，但她是正室所出，又是母儀天下的皇后，怎會把馮妙蓮放在眼裡？她感到疑惑不解，皇上怎麼老是去找馮妙蓮，別的宮室一概不顧？她煩躁、鬱悶，妒恨交加。馮妙蓮知道皇后馮媛恨自己。但她倚恃孝文帝的寵愛，有意和皇后抗衡。後宮妃嬪每月朔望都應參拜皇后，這是祖制，她每次都稱病不去。馮媛恨極了，卻又無可奈何。

皇后和高麗美人是馮妙蓮的兩個勁敵。馮妙蓮知道，在贏得皇上的這場較量中，僅靠美貌遠遠不夠，還繫於風月，繫於如何迷惑皇帝，讓皇帝快活得死去活來，神魂顛倒。她充滿信心，因為自己這方面經驗老到，皇后和高麗美人根本不是對手。

她本就一頭秀髮，肌膚如玉，又將髮式千變萬化，變出無窮花樣。孝文帝甚為喜愛。她更有一招絕手的媚術，就是將麝香細末放入肚臍眼中，香味飄逸，令人心醉，稱為肌香丸。

孝文帝擁著她，被她的清香刺激得熱血沸騰。他大感奇怪，問何以至此。她答得玄乎其玄，說她大病之後，脫了一層皮，脫胎換骨，從那時以後，便身有奇香。孝文帝真的相信了，縱情求歡，難捨難分，再也擺脫不了這誘人的肌香。

馮妙蓮一刻也沒忘記登上皇后寶座的夙願。儘管如今的皇后是自己的妹妹，她卻時常在和孝文帝玩得興致正高昂時，大造皇后的流言。

馮媛有一個致命的弱點，就是生性保守，拒絕說漢話，穿漢服。孝文帝對此早有不滿。馮妙蓮便以此為藉口，大加攻擊，說她不理解皇上的心思。她搬弄是非，挑撥離間，果然引得孝文帝大為惱恨。

有一天，孝文帝出遊，正逢後宮嬪妃參拜皇后的日子，馮妙蓮照舊稱病不去問候。馮媛命宮監手持皇后金牌，前往馮妙蓮寢宮宣召，命她立刻來見。馮妙蓮沒辦法，只好遵命前往。

馮媛一見馮妙蓮，立即厲聲喝斥：「你沒進宮時，這裡都很和氣，人人都快活！

自從你入了宮，搬弄是非，妖媚邀寵，大禮時裝病不拜；你目無皇后，違反宮規，該當何罪？」

馮妙蓮從容地說：「論大小，我是姊你是妹；論先後，我先入宮，你後入宮；論名分，你是皇后，我是昭儀。你何必斤斤計較，毫無容人之量！」

馮媛氣得臉上紅一陣，白一陣，下令剝掉馮妙蓮的衣服，責二十大板。這是皇室家法，皇后吩咐了，就是懿旨。可是，站在一邊的宮人誰也不敢動。嬪妃們見皇后下不了臺，紛紛跪下，替馮妙蓮求情。在眾人勸說下，馮妙蓮給皇后賠禮，終於把這場風波暫時壓下了。

一次，宮中舉行家宴，兩姊妹的衝突再度爆發。孝文帝寵愛馮妙蓮，家宴時讓馮妙蓮和另幾個嬪妃侍宴。他很高興，突然記起皇后，便命侍女前去召請。皇后知道馮妙蓮在那裡，不願赴宴。孝文帝派人多次催請，皇后才勉強到來。

馮媛到達時，除了皇帝以外，按禮，各宮嬪妃、侍女都得跪迎。眾人離座迎接，馮妙蓮卻只是欠欠身，沒有按禮迎接。皇后向孝文帝行禮請安，馮妙蓮也不迴避，就在皇帝身邊受禮。皇后很不痛快，怒氣沖沖，不想入座。孝文帝趕緊溫言撫慰。

馮皇后怒聲道：「我不願和騷狐狸同座！」

眾嬪妃內心竊笑，知道又有一場好戲。

馮妙蓮立即接話：「誰是騷狐狸？」

皇后冷冷地說：「這還用問？自己心裡明白！」

孝文帝坐在一邊，十分尷尬，叫了一聲：「皇后！」

皇后見孝文帝還向著馮妙蓮，委屈、屈辱一齊湧上心來，哭泣著離去。

孝文帝本想讓皇后共享家宴的歡欣，想不到卻是這種結局。他怒火中燒。馮妙蓮趁勢哭訴委屈，添鹽加醋，說了皇后許多不是。孝文帝本就對皇后不熱心，一怒之下，第二天就下旨，廢皇后為庶人。馮媛遷居宮中瑤光寺為尼，直至生命終結。

其後，馮妙蓮更是縱情享樂，卻一直沒能懷孕。待太子元恂因故被廢為庶人，孝文帝立高夫人所生的兒子元恪為儲，馮妙蓮想仿效馮太后，撫養年輕的太子。她祕派心腹到汲郡共縣將高夫人殺死。然後奏請撫養太子。孝文帝自然同意。

太和二十一年（四九七年），齊、魏在河南南陽交火。孝文帝統兵20萬，進軍新野。離京前，立心愛的馮妙蓮為后，統率後宮。馮妙蓮又一次如願以償。

皇帝領兵在外，後宮中的一切自然由皇后做主。孝文帝領兵征戰，血雨腥風，一去就是一年有餘。馮妙蓮水性楊花，如何守得住深宮寂寞？她祕令心腹中常侍雙蒙去召以前的情人高菩薩入宮，任宮中執事。從此她便和高菩薩宣淫縱慾，熱情似火。

孝文帝與齊兵交戰兩年，病倒於汝南。馮妙蓮得知消息，更是公然和高菩薩淫亂，不顧死活，穢聞傳遍宮內。終於，連孝文帝的幼妹彭城公主也聽到這起醜聞。

彭城公主嫁南陽王劉昶之子，丈夫去世，正在居孀。馮妙蓮的同母弟馮夙看上了彭城公主，想娶公主為妻。馮夙向馮皇后求告。馮妙蓮覺得馮家能與皇室聯姻很好，便奏請孝文帝，讓彭城公主改嫁馮夙。彭城公主很厭惡馮妙蓮，連帶討厭馮家人，又已聞得馮皇后私通的穢行，更不願嫁給馮夙。

馮妙蓮逼嫁彭城公主，並擅自選定婚期，一定要為馮夙操辦此事。彭城公主走投無路，只好帶著幾個心腹隨從，乘車飛奔汝南，面見皇帝哥哥。孝文帝正在病中，見小妹風塵僕僕，遠道冒雨而來，十分奇怪，問何故前來？

彭城公主傾訴了自己的苦衷，說她不願嫁給馮夙。孝文帝說這婚事是他允准的，馮夙不是很好嗎？為何不願？彭城公主便說出皇后淫亂後宮之事。孝文帝大為震驚，細問情由。彭城公主痛陳：馮皇后祕令中常侍雙蒙召入一個名叫高菩薩的人，兩人一直在宮中私通；如今聽說皇上病重，兩人不管不顧，竟公然淫亂。

孝文帝有點不敢相信，還以為氣昏了頭的妹妹編造故事！彭城公主一臉認真，沒有一點玩笑的意思。孝文帝立即派遣心腹暗中調查。

馮皇后得知彭城公主去了汝南，知道不是好事，肯定抖落她的穢行。她趕緊遣走了高菩薩，不斷派親信到汝南問候皇上。孝文帝應付著皇后的祕使，不動聲色。待病情好轉，他突然回到洛陽，祕召小黃門蘇興壽。蘇興壽和盤托出皇后的穢行。

這天深夜，孝文帝在溫室召宣馮皇后。

馮皇后應召前來。到了溫室之外，見高菩薩、雙蒙已被拘捕，跪在那兒。她進入室內，參見了聖駕之後，請皇上屏退左右，說是有話要單獨稟奏。孝文帝讓侍從都退下。內廷總管長秋卿白整從安危考慮，請求留下。馮皇后強力要求。孝文帝便讓白整塞上耳朵。馮皇后這才附在孝文帝耳邊低語。解釋的話顯然說不通，孝文帝搖頭。

接著，孝文帝召進兩個弟弟彭城王拓跋勰、北海王拓跋洋，對他們說：「她現在不是你們的嫂子，也不是皇后！你們好生問她，問個水落石出！」二王審問馮妙蓮，審出一切屬實。馮妙蓮還請過女巫，詛咒孝文帝早死。高菩薩、雙蒙被處死。

但為防止穢行外揚，皇家恥辱散播，馮皇后並沒有被廢，而是幽囚深宮，令其自裁。馮皇后不想赴死。孝文帝也沒有逼她自盡。太和二十三年，孝文帝在漢水大敗齊軍以後，病倒軍中。四月，病重北返，到河南魯山時駕崩。臨死前，孝文帝召弟彭城王說：「皇后不守婦德，恐死後干預朝政。我死後，傳遺詔，賜令自盡。另擇地以皇后禮安葬。」

孝文帝在位二十八年，終年三十三歲。北海王奉遺詔，和長秋卿白整來到馮妙蓮的住所，宣讀遺詔，迫馮妙蓮喝下毒酒。馮妙蓮以皇后禮下葬，葬長陵。

7 夾縫中生存的智慧

小人生性要依附於人，就像爬山虎攀附著牆壁生長，一面牆壁傾頹了，就會自然而然再去攀附另一面，否則就不能生存。為此，小人對可依附之勢力的力量消長極度敏感。他們清楚，自己毫無根基，一旦靠山傾倒，他們就可能被壓成肉餅。因此，他們所依附的勢力若已發生某種質的變化，他們就會及時調整自己的立場。按照他們的生存邏輯，這種立場的調整絲毫不關涉道德綱常，他們所掛慮的只是做出調整的時機準確與否。

小人最善於在夾縫中求生存，一有機會，就會害人牟利。在截然相反的兩種意見面前，他們絕不做明確表態。此亦是之，彼亦是之；不即不離，為偏不倚；貌似公允之至，實則圓滑至極。此種作為，既是庸官俗吏不可離身的「護身法寶」，又是野心家常用的投機手段。

雖說夾縫中最難生存，小人卻往往能夠在「夾縫」中左右逢源，飛黃騰達。

民國初年，坐鎮山西的閻錫山是一個善於隱蔽立場，很有政治頭腦的軍閥。他從傳統中吸取了一些對自己有用的東西，結合自己的實踐經驗，以及當時的某些流行的思潮，提出所謂「中的哲學」。

一九一二年3月，當上大總統的袁世凱任命閻錫山為山西都督。為了討好袁世凱，閻便任命袁的門生董崇仁為晉南鎮守使，又讓與袁世凱有親戚關係的陳鈺任民政長。然而，袁世凱對閻錫山還是不放心，打算把閻調任黑龍江省都督。閻錫山得知消息，連忙派人進京，重金賄賂袁的親信梁士詒，向袁轉達他對袁的忠誠恭順之意，總算打消了袁世凱將他調任的念頭。

一九一三年3月，袁世凱主謀刺殺了宋教仁，「二次革命」爆發。起初，閻錫山既不敢得罪袁世凱，又不願與孫中山領導的革命黨脫離關係，於是他很小心地做到雙方都不得罪。他先是主張以所謂法律手段解決「宋案」，又與黎元洪聯繫，請黎出面調停南北紛爭。在南北大戰一觸即發之際，他還發電報給袁世凱，把袁世凱吹捧成英雄。等到戰事爆發，他看出國民黨敗局已定，便立刻拋開了中立的面目，站到袁世凱一邊。不過，他在依附袁世凱的同時，也沒有忘記整頓軍隊，積蓄力量。

為了取得袁世凱的信任，閻錫山可說不擇手段。他讓自己的父親和繼母到北京居住，名義上是讓父母開開眼界，實際上是把他們放到袁世凱眼皮底下，充作人質。

抗日戰爭期間，閻錫山據守晉西南，無心對日作戰。大敵當前，他看出，只要他不投向日本人，共產黨不會來進攻他，蔣介石也要籠絡他。因為，如果把他逼向日本，對誰都不利。在這種左右逢源的形勢中，他達到了緩和矛盾，穩定局勢，保存實力的目的。

這期間，他與蔣介石勾心鬥角；與共產黨合作抗日，又發動「十二月事變」；追隨蔣介石積極反共；鼓吹「守土抗戰」，卻與日本人眉來眼去，暗中勾結，向日本人要人、要槍、要裝備。對各方採取什麼態度，完全取決於他生存及利益的需要。

閻錫山堪稱一位「平衡大師」，竟然在「三顆雞蛋」上一直跳到了抗戰勝利。

8 守「中」出擊的周延儒

當爭鬥雙方勢均力敵，爭鬥前景尚不明朗之際，介於雙方之間的第三者常常從明哲保身的意圖出發，採取「首鼠兩端，模稜兩可」的態度，極力避開紛爭，保留充分選擇之餘地。

明朝萬曆四十一年（一六一三年），春闈大試剛剛落下帷幕，參加會試的四方學子焦急地等待著考試的結果。發榜後，名列榜首的是宜興才子周延儒。按科舉規定，接下來便是殿試。這位周延儒又獨占鰲頭，由皇上欽定為頭名狀元。當時，周延儒還是個二十來歲的少年書生。

周延儒機敏過人，自視甚高，一心想在官場中混出個名堂。他的仕途堪稱一帆風順，一直官運亨通。天啟年間，被派往南京掌管翰林院。他為人機巧，善辨風色，在處理與東林黨和閹黨的關係時，左右逢源，兩面不得罪。為此，他雖與東林黨人時有往來，卻從未受到閹黨的排擠，烏紗帽一直穩戴頭頂。後來的東林黨禍和閹黨逆案，他都圓滑地逃過了。

熹宗在位只有七年，便短命而死。崇禎皇帝登極後，堅決查處黨私之徒，整頓朝綱，在懲治魏忠賢逆黨之時，惟恐網疏有漏，凡是與魏忠賢集團有過一兩次交往的人，一概連坐罷黜，一下子牽連進去百十餘人。

由於閹黨一案懲罰的官員過多，造成朝官嚴重缺員。於是，崇禎將南京的一大批官員調回京都，各派其職。周延儒也應召進京，升任禮部右侍郎。地位改變了，官職提高了，使他有機會能夠接觸皇上，他便利用這絕好的機會，察言觀色，伺機而動，積極創造條件，為奪取朝中大權做準備。

崇禎元年（一六二八年）冬季，錦州邊防軍嘩變。撫臣袁崇煥聞訊後調查得知，因軍官們層層剋扣糧餉，士兵們忍無可忍，才採取這種過激行動，以期引起朝廷重視。袁崇煥在奏章中詳細稟報了事件的起因、性質和危害性，建議朝廷從速補發糧餉，以解燃眉之需。

邊地軍心不穩，自然事關重大。崇禎緊急召集朝中大臣，在文華殿論證此事，商議辦法。眾臣一致贊同袁崇煥的建議，請求皇上速發內帑，以解救邊地之急。

聽了眾臣的意見，崇禎臉色陰沈，只是一言不發。崇禎雖然雄心勃勃，勵精圖治，致力於振興朱明王朝，一心做個賢明君主，但他生於王朝的末世，從小在勾心鬥角的皇宮內長大，目睹了一齣齣奪權爭寵的醜劇，心裡留下了濃重的陰影，從而養成他敏感多疑、剛愎自用的性格，加之他初登帝位，年紀輕、閱歷淺，不善識人，所以處理朝政時往往失於明察，卻又偏要自作聖明。此時此刻，他對錦州邊防兵鬧事的成因仍然疑竇叢生。

周延儒最是老謀深算，非常瞭解崇禎的脾氣，見崇禎對眾臣的意見不表態，早已摸透了皇上的心思。於是，他不慌不忙地站出朝班，發表了與眾不同的意見，陰陽怪氣地說：「朝廷設立邊防，旨在防禦敵兵。不想如今敵兵未犯，邊防先亂。寧遠嘩變，連忙發餉，錦州嘩變，又急忙給餉，倘若各處邊關都來效仿，該當如何是好？」

崇禎一聽周延儒說出了自己心中所想，大為高興，便問他有何上策。

周延儒回稟道：「此事有關邊防的安危，糧餉不得不發。只是，須得謀求一經久之策。」

細想周延儒的話中意思，也不過是贊同發餉以息兵怒，並沒有什麼特別的高見。不同的是，他提出了一個「經久之策」的說法，就顯得與眾不同。其實，這是個沒有一點實際內容的說法。就這樣，他騙取了崇禎的好感，在皇上心裡留下一個急公負責，站得高、看得遠，能處置事情的好印象。崇禎當場褒獎了他，而責怪了眾朝臣。

過了幾天，崇禎又把周延儒召到宮中單獨密談，商量給餉一事。現在他已非常信任這位深謀遠慮、見識出眾的大臣。

周延儒分析道：「軍餉，首先是糧食，而山海關並不缺糧，那麼軍兵嘩變，是為缺銀，其中必有原因。恐怕是下層軍官從中煽動鬧事，以此要脅，迫袁崇煥向朝廷要銀子。」

崇禎聽後，大為賞識，感到周延儒分析事情真是入木三分。

其實，此事與袁崇煥毫無關係。戍兵嘩變，是由遼東巡撫畢自措置失當所釀成。三個月後，袁崇煥才到達山海關，著手處理了善後事務。他以撫為先，罷斥了幾個負有責任的將領，斬處了十幾個破壞性最大的肇事者。畢自引罪自殺。由此看來，周延儒的分析完全是自作聰明，毫無根據。

時隔不久，會推閣臣。周延儒與溫體仁早已覬覦入閣，卻因資歷尚淺，未被推薦。二人心中十分不滿，便相互勾結，結成政治聯盟，先由溫體仁發難，繼之周延儒從中協助，舊案重翻，借題發揮，矛頭所指，集中攻擊錢謙益，使崇禎疑心此次會推摻有結黨營私之嫌，從而否定了全部會推名單，並罷黜了錢謙益。

透過此次事件，周延儒又進一步取得崇禎的好感。不到一年，周延儒被「破格」任命為禮部尚書兼東閣大學士，准許參與機務，從此擠入最高決策層。

野心勃勃的周延儒並不以此為滿足。為了達到獨攬大權，奪取首輔地位的目的，他又施展了一系列陰謀詭計，竟然可以不顧國家、民族的利益，勾結溫體仁，利用皇太極的反間計，害死了大將袁崇煥。其真正目的在於除掉權勢居於自己之上的錢龍錫、成基命等人，以便奪取內閣首輔的榮耀權位。果然，袁崇煥一案了結之後，周延儒的政敵也被消滅，不久，他加官晉爵，當上了太子太保，閣階由東閣改改為文淵，最後到武英殿大學士，真可謂一路順風，青雲直上，崇禎朝廷的大權盡在他手中。

周延儒一朝大權在握，便迫不急待地引用私人，安插親信。他所薦用的大同巡撫張廷拱、登萊巡撫孫元化等人都屬私親之流。他還讓自己的哥哥周素儒冒籍錦衣衛，授以千戶之職，還荒唐地把家人周文郁委任為副總兵。當真是一人得道，雞犬升天。

周延儒在政治上玩弄權術，在生活上更是腐化墮落。他又奸又貪，是個酒色之徒，穢行醜聞，幾乎人所共知。他五毒俱全，臭名昭著。他的子弟也近墨者黑，在家鄉橫行霸道，胡作非為，欺壓百姓，萬人指背。

周延儒只顧沈湎於權力所帶來的快樂，而忘乎所以，自以為老謀深算，位高寵固，不成想，被他親手提拔，比他更為奸詐陰險的小人溫體仁一腳踢翻。在這齣黑吃黑的醜劇中，周延儒灰溜溜地退場，中斷了他不可一世的政治生涯。

幾年後，隨著溫體仁的垮臺，周延儒又靠著陰謀手段，東山再起，官復原職，再度把持朝綱，遂使朝政一誤再誤，加速了明王朝的滅亡。就在他機關算盡之時，崇禎終於發現了這個誤國奸臣的真實面目，於是將他逮捕入獄，最後降旨賜死。

9 諂諛者厚言無恥

唐朝武則天時代，有一個以好諛善佞成名的無恥之徒，即盧江人郭霸。一次，御史大夫魏元忠患病，在家裡臥床休養。魏氏官居丞相之列，乃百官之首，朝廷百官自然群相探望。郭霸也與同事們一起結伴前來探視。寒暄已畢，眾官都起身告辭，唯獨郭霸磨磨蹭蹭，藉口有事，留了下來。看到自己的頂頭上司一臉病容，右臺御史郭霸表現得非常傷心、沮喪，憂心如焚，如同父母親人病重一樣情真意切，哀戚的神情令魏元忠非常感動。郭霸說，他聽名醫說過，重病者可以透過尿液，觀察疾病的輕重程度和有無好轉的希望。於是，他請魏元忠小解，讓他觀察觀察。

魏氏一聽要在下屬面前留此穢物，實在有傷大雅，就推辭說不必有勞郭先生。但郭霸憂形於色，再三請求魏元忠不必謙讓，辭色極為懇切。魏元忠無奈，只好解下一泡尿來。郭霸迫不及待地端起尿盂，仔細端詳，左右晃動觀察。良久，他說，還是看不出究竟，必須嘗一下，看看能不能從味道中察出一二。

魏元忠見尿液騷臭，聞之刺鼻，哪能下咽，堅決阻止。郭霸卻是愈勸愈堅，非要嘗嘗不可。魏元忠至此已看出郭霸今夜此行是早有預謀，必有他圖，因而不禁對這位下屬十分鄙視，就不再勸阻，聽任他自我表演。

郭霸先端起尿盂，吸吮少許尿液入口，細細品味，嘴巴嘖嘖作響，好半天才徐徐咽下。似乎還未品出滋味來，又喝一口，再三品味，忽然一口咽下。這興高采烈地向魏元忠拱手道喜：「大夫泄味就，或難料；而今味苦點，即日當愈。」意思是說：您的尿濃，不甜而苦，疾病不日就會好起來。

郭霸這次拍馬屁拍到了馬腿上，魏元忠乃忠良剛正之人，對他這種無恥的醜態非常噁心，當時只是苦笑，未置可否。待病好上朝，將此事告訴同僚，所有的人都不恥郭霸這種卑劣的醜行。

清人石成金在其所著《笑得好》中記述了一個下層官員諂媚吹捧的遊戲文字：一個秀才到縣衙門辦事，正趕上縣官放了一屁。這位秀才聞聲立刻靈機一動，作揖進辭：「太宗師高聳金臀，洪宣寶屁；依稀乎絲竹之音，彷彿乎麝蘭之香。生員立於下風，不勝馨香之至。」

諂媚之術，即以非正常手段，阿諛奉承、吹捧拍馬、取悅討好、順阿逢迎，以博取頂頭上司的好感、歡心與寵信，從而達到穩固權位，升官晉爵的目的。

諂媚的對象，一般比較固定，即職位在自己之上，對自己的權位有決定性影響的上司，或上司周圍的關鍵人物，對他們奉承討好，百般諂媚，以期取得投桃報李，一本萬利的好處。

武則天晚年的面首（男寵）張昌宗容貌俊秀，深得她的寵愛，日夜不離身邊，且對他言聽計從。雖沒有高官顯職，但諂媚者趨之若鶩，稱他「六郎」而不名，說他美若蓮花。宰相楊再思更是別出心裁，發揮其「佞智」，說：「人言六郎似蓮花，非也。正謂蓮花似六郎耳。」一語出而驚四座。

唐初宰相婁師德很會固寵保位。其弟將出任刺史之職，他怕弟弟作官會得罪上司，危及權位，就問他將用什麼保全自己。婁弟長跪說：「即使有人向我臉上吐唾沫，我也不說什麼，只擦掉它。弟當以此自戒自勉，兄長不必擔憂！」不料婁師德對兄弟此說大為不滿，喝道：「你此舉正是我深以為憂的！人家唾我面目，是對我有怒氣才這麼作做，你擦掉它，豈不是表示討厭、憎惡他這麼做嗎？你不可擦它，應該讓它自乾，笑咪咪地表示接受它。」

明英宗時代的宦官王振，得寵時口含天憲，出納王命，英宗尊之為「先生」，公侯勳爵呼之為「翁父」，權勢炙手可熱，氣焰萬丈，趨之奉之者踏破門檻。只是，身為宦官，不能生下一男半女，身邊雖有許多美女嬌娃，但那只是玩弄而已，花架子的擺設，與普通人家天倫之樂比較起來，不免有些寂寞。

但王振這點幾乎無法改變的「缺憾」，卻為一位官員阿諛奉承提供了契機。此人乃工部郎中王佑。

一次，王佑到王振府中探望。閒談中，王振看到王佑乃一翩翩美男子，身材偉岸，臉型俊秀，只是沒有當時非常流行的鬍鬚，就困惑地問道：「王郎中怎麼沒有鬍鬚呀？」

王佑不加思索，下拜朗聲道：「老爺既無，兒安敢有？」

這話立刻使王振哈哈大笑，非常高興地答應收下這個乾兒子。從此王佑官運亨通，平步青雲。

10 瞅準機會，一拍即中

童貫在太監中是個很特殊的人物。他雖是太監，卻沒有一點太監的模樣。據說他身軀高大，聲如宏鐘，且「其勁如鐵」。不知怎麼弄的，他的嘴唇上居然還長了幾根鬍子。有這個得天獨厚的條件，就極容易討到妃子、宮女的歡心。再加上他生性豪爽，不惜財物，度量很大，一般不去計較小是小非。所以，宮廷內部上上下下都很喜歡他，他贏得了「良好的人際關係」。

他善於察言觀色，拍馬逢迎。但這種本領直到宋徽宗即位後，才發揮得得心應手。他主持樞密院，掌握兵權幾達二十年，與宰相蔡京互為表裡，狼狽為奸，權勢之大，其實還在宰相之上。時人稱蔡京為「公相」，稱童貫為「媼相」。

宋徽宗趙佶無人君之望，卻很有藝術才華。他派遣童貫出宮去搜羅天下名畫，以供他觀賞、摹寫。當時，書畫藝術最發達的地區在東南沿海、尤其是江浙蘇杭一帶。於是童貫來到杭州。在蘇杭一帶，他把先朝名畫和時人傑作源源不斷送到徽宗面前。徽宗在大飽眼福之後，對這位使者的盡心盡力自然十分感激。

不久，童貫在杭州遇到了逐臣蔡京。蔡京是個奸詐狡猾的投機分子。宋神宗在位時，他投向變法派。後來，司馬光當權，罷除新法，當時蔡京知開封府，又積極回應司馬光，迅速廢除了新法，由此獲得了司馬光的賞識。紹聖年間，哲宗又恢復新法，新黨上臺得勢，蔡京又積極支持新法。這條行為無一定之軌的政治「變色龍」，終於在徽宗剛剛即位時，被向太后趕出了朝廷，到杭州任知州去了。童貫此次來到杭州，與蔡京交接，一見如故。他應允回京之後，尋機薦舉蔡京。

恰巧，蔡京也精於書法，且通繪畫。在中國書法史上。北宋有蘇、黃、米、蔡四大書法家，盈指蘇軾，黃指蘇庭堅，米指米芾，蔡就是蔡京。只是，後人因蔡京是奸臣，不願把書法家這一桂冠套在他頭上，遂換成另一個姓蔡的人。童貫就利用蔡京的這一特長，每次送給徽宗的書畫中都帶上蔡京的作品，並在奏章中為他大肆吹噓。徽宗見了蔡京的書畫，大為喜歡，再加上童貫的吹噓，就決定拜蔡京為相。此時，朝內新、舊兩黨鬥爭不休，徽宗即藉調和兩黨關係之因由，罷免了宰相韓彥忠，於公元一一〇二年7月，任蔡京為宰相。

蔡京當了宰相之後，又打起了變法的旗號，恢復了熙寧、元豐年間所行的法令。同時，對於舊黨一派的所謂元佑黨人則大加迫害。把司馬光等一百二十人定為奸黨，由徽宗親自書寫，刻於石上，置於皇宮的端禮門，稱為元佑黨人碑。把其中活著的人貶謫到偏遠窮困的山區，對已死者也追貶官職，連蘇軾的文集也下令焚毀。後來又把元佑、元符年間主張恢復舊法的人合為一籍，共三百零九人，刻於朝堂。有些得罪蔡京的人也被打成「黨人」。甚至連章　這樣的變法激進派、迫害狂也被他視為「黨人」而加以攻擊。從神宗以來的朝廷黨爭，至此更進一步惡性發展，致使宋朝的政治日益衰微下去。

蔡京因童貫的極力薦舉而得以再度為相，當然對童貫感激不盡。再加上徽宗對童貫恩寵有加，於是兩人心照不宣，互為表裡，狼狽為奸。蔡京除了鎮壓「元佑黨人」，還立刻策劃對西北用兵。當時，率兵打仗的將軍是個非常危險的苦差使，通常以太監充任的監軍卻是個既能立功又能撈軍權的美差。為此，蔡京極力薦舉童貫擔任監軍，說他一來對皇上無限忠誠，二來智勇雙全，三來對陝甘一帶的情況十分熟悉。於是，徽宗便派童貫為監軍，命王厚為大將，率十萬人馬出征。

軍隊剛行至湟川附近，京城的宮廷裡突然發生了大火災。徽宗認為這是不祥之兆，不宜出兵征戰，就派人火速追趕，令出征大軍停止前進，等待命令。但童貫邀功心切，看完手令之後，立即把它塞進靴筒，撒謊說：「皇上命我們快點進軍，以便早日取得勝利。」

宋軍這次出征，竟然收復了四座城池，可算是為朝廷立了大功，也為朝廷大火沖了晦氣。因此童貫被提升為景福殿使、襄州觀察使。觀察使在當時是一項特殊的榮譽，以太監身分兼任此職，就始自童貫。不久，童貫又升為武康軍節度使。

徽宗對童貫的巧於逢迎實在太滿意了，又想授予他開府儀同三司的權力。蔡京以前朝無此先例為由，表示反對，並拒絕草詔，弄得徽宗沒了辦法。原來，這時童貫居功自傲，專橫跋扈，視朝中若無人，選拔及降黜軍官，全憑個人的主觀好惡，根本不向朝廷請示。這種專權的做法，不僅引起朝中一些正直大臣的反對，連蔡京也感到自己的權力和地位受到了威脅。因此，徽宗要授予他更大的權力，蔡京便出頭作梗。

但蔡京和一些朝臣的反對並不能阻止徽宗對童貫的信任和重用。公元一一一一年，童貫被任命為檢校太尉。徽宗想讓他出使契丹。這又引起一班正直大臣的強烈反對：「使者是一個國家的象徵，派一個宦官去做，豈不被人恥笑，說我們國中無人？」徽宗說：「契丹人聽說童貫打敗了羌人，十分佩服，想見見他，所以才派他去做使者。」還是派童貫前往契丹。

出使歸來，童貫自覺為國立了大功，有了政治資本，愈加驕橫跋扈。徽宗對他也更加寵信，讓他以太尉的身分兼任陝西、河東、河北宣撫使，開府儀同三司。不久又主管樞密院，節制九鎮，封為太傅、晉國公。這一連串頭銜，使他的職位差不多等同於宰相，權勢上更是超過了宰相。

童貫在掌握了軍政大權以後，因急於邀功，時時輕啟戰端，卻屢遭失敗。他在鎮壓了方臘之亂後，以為餘勇可賈，竟率兵攻遼。結果連吃敗仗，被遼人打得一塌糊塗。其實，在此之前，宋軍就已多次被北方諸民族打敗。在童貫主管樞密院後不久，就催令大將劉法攻打西夏。劉法是西北名將，深知其中的利害，認為根據當時的情況，不宜出兵。但童貫新官上任，為了撈取政治資本，不顧客觀情況，寫信催劉法進兵：「當年您在京城，曾親手接過皇帝的命令，並說一定能打勝仗，如今怎麼反而不願開仗？」劉法被逼無奈，只得率軍出征。結果一出戰即遭埋伏，軍隊損失慘重，劉法本人也陣亡。劉法一死，整個西北為之震動，弄得人心惶惶。童貫卻隱瞞實情，向徽宗奏告劉法打了勝仗。滿朝文武均知劉法慘敗，只因懼於童貫的權勢，不敢以實相告，反倒一個個假裝不知，紛紛向徽宗拜賀。

北宋的腐敗在金兵南下時充分地暴露出來。金國在滅遼之後，大舉南下，準備一舉滅宋。公元一一二五年，金兵南下，太原首當其衝。此時童貫身為廣陽郡王，正在太原，一聽金人要來，根本不思備戰，只是趕忙派人到金廷求知。金人當然不答應，反派使要童貫割讓土地。童貫平日趾高氣揚，在金國使者面前，卻只能唯唯諾諾。

金兵來到太原城下，他更是嚇破了膽，想臨陣脫逃。太守張孝純勸止：「金人背信棄義，公然犯我疆土，王爺應該帶領官兵同金人大戰。如果扔下太原，豈不是把河東也扔給了金人嗎？」

童貫聽後，怒氣沖沖地說：「我是宣撫使，並無守疆衛士之責。您要我留在太原，還要你們主將幹什麼？」

張孝純聽了此話，無言以對，只是長歎道：「我一向佩服童太師的威望，可沒想到您竟會膽小如鼠，臨陣脫逃。您即便逃到京師，又有什麼臉去見皇上？」

童貫為了活命，也顧不上這些譏刺了。

徽宗因「拒敵無方」，又酷愛繪畫，就把皇位讓給兒子趙桓，是為宋欽宗。欽宗倒是有些志氣，想御駕親征，打退金人的入侵。尚未出發，就見童貫狼狽逃回。欽宗要他一起出征，他不肯；讓他留守京師，他也不肯，卻和徽宗一起南逃。

童貫為了保護自己的安全，曾在西北一帶招募了數萬勇士，稱為「勝捷軍」，實是他的私人衛隊。此次與徽宗一起南逃，兩人的衛隊爭上浮橋，童貫竟令自己的衛隊向徽宗的衛隊放箭。霎時間，中箭倒斃者百多人。這件事不僅引起徽宗的憤怒，許多朝臣也罵他大逆不道。在輿論壓力下，欽宗把他貶為右衛上將軍。但是，許多大臣仍不肯罷休。欽宗只得把他貶為昭化軍節度副使，後又將他流放到英州吉陽軍。不久，為了順民意，收民心，又列舉了他的十大罪狀，終於令御史將他殺死在流放途中。

11 江彬導君行樂

奸臣、奸人一切陰謀的得逞，其前提條件是君主、上司對其陰謀的信任與支持。因此，他們日常一切行為的主調便是窺測上司的風向，揣摩上司的意圖，深刻領會其用心，唯唯喏喏，投其所好，一切以上司之是非為是非，以上司之好惡為好惡，以期受到重用，得到所有的需求。

唐代中期，宦官仇士良身經順宗、憲宗、穆宗、敬宗、文宗、武宗六代皇帝，擅權攬政20餘年，一貫欺上瞞下，排斥異己，橫行不法，貪酷殘暴，先後殺二王、一妃、四宰相。《唐書》如此評價他：「有術自將，恩禮不變。」那麼，這個奸宦的最大奸術是什麼？

在感到日暮途窮，有可能遭到武宗清算之際，這個老奸臣猾的閹黨首領自動請求告老還家，希望以退自保。

臨行前，他對送行的嘍囉、宮內爪牙說：「要把皇帝控制在手裡，千萬不可讓他空閒下來。他一有空閒，勢必就要讀書，接見文臣，聽取他們的諫勸，智深慮遠，不追求吃喝玩樂。這樣，你們就不能得到寵信，權勢也會受到影響。為了你們今後的前程打算，不如廣置財貨鷹馬，用以迷惑皇帝，使他極盡奢侈。這樣，皇帝就必然不留心學問，荒怠朝政，天下事全聽信你們，寵信、權力還能跑到哪裡去？」這一席話說得眾太監茅塞頓開，如獲至寶，一個個俯首拜謝。

明武宗當政時期，周圍聚集了一大批佞幸小人，其中對皇帝影響最大的當推宣府人江彬。

江彬出身行伍。在一次戰鬥中，他身中三箭，其中一箭正好射在臉上，箭頭穿過皮肉，從耳朵處冒出。他毫不在乎，拔出來後繼續作戰。此事傳到京師，喜勇好戰的明武宗十分歎服。不久，戰鬥結束，江彬在班師途中經過北京。經幸臣錢寧引薦，他獲武宗召見。武宗看到他臉上箭痕仍在，不禁失喝采道：「江彬真是強健！」

君臣二人，一個無心過問國家大事，只想馳騁沙場，遊戲作樂；一個狡黠兇狠，孔武有力，能騎善射，並善於迎合人意，自然覺得相見恨晚。從此，江彬被留在武宗身邊，與武宗同臥共起，兩人關係迅速密切起來。

江彬得見皇帝，靠的是錢寧的引薦，驟然得到武宗賞識、信任，錢寧很是不服。江彬自知根基遠不如這個早就受到武宗寵幸的對手厚實，且自己勢單力薄，左右都是錢寧的黨羽，便對武宗盛稱邊軍比京軍驍悍，極力建議將二者對調訓練，企圖透過邊軍，鞏固自己的地位，擴張自己的權勢。武宗不顧朝中大臣的激烈反對，欣然採納。於是，四個邊地的守軍被調入京城，號稱「外四家」，由江彬統領。武宗本人也常常一身戎裝，與江彬騎馬並行，參與操練。

此外，江彬為博得武宗更大的歡心，並疏遠錢寧與皇帝的關係，還想方設法，讓武宗縱慾行樂，慫恿他微服出行。

一五一四年，明武宗初次出行，趁夜去教坊看了樂舞，覺得十分過癮。其後，又有數次類似舉動。江彬又盡力為武宗搜尋美女，曾把一個將領已經出嫁且正懷孕的妹妹從夫家奪走，獻給武宗。武宗見此女嬌豔動人，又擅長歌舞騎射，還懂外國語，大為高興，由此不僅大量賞賜那個將領，對江彬也更為信任。

武宗微服出遊幾次，都是偷偷摸摸進行，所到的地方也不過是北京城內或近郊，因而越來越覺得不過癮。江彬為悅帝專寵，減少武宗與錢寧接觸的機會，便誘導武宗離開北京，做更遠的巡遊。他經常向皇帝描繪宣府樂妓如何如何多，如何如何美，還可以飽覽邊地的景致，又能任意縱橫馳騁，瞬息千里，多麼瀟灑飄逸，何必鬱鬱居於宮禁之中，受臣僚的控制。武宗聽後深以為然。於是，大規模的巡幸遊歷就此開始。

一五一七年夏，武宗在江彬慫恿下，微服出遊居庸關。由於巡關御史的阻攔，沒能出關，只得快快而還。幾天後，仍在夜間出動。這次出關成功，終於順利抵達宣府。他自稱「威武大將軍朱壽」，又自封「鎮國公」。江彬為他建鎮國公府第，將北京豹房裡的珍玩、美女運來行樂；又在夜間帶著他亂闖，看到有美貌婦女便巧取豪奪，看到高門大宅便闖進去討酒喝。武宗十分滿意，樂而忘歸，稱之為「家裡」。

不久，他們到了陽和（今山西陽和縣），與蒙古韃靼爆發一場戰鬥，武宗本人差點被捉，雙方各有死傷。其後，回到宣府，一直過到春節之後，才返回北京。這次巡遊歷時半年。皇帝在外期間，朝政大小事端都必須透過江彬才能呈奏，否則就無限期地往後拖。

武宗回到北京，剛住上半個月，便覺得索然無味，十分懷念宣府的生活。於是，江彬就引導他再次前往，並到達大同。由於太皇太后（明憲宗的皇后）突然去世，武宗才回京處理喪事。這是第二次巡遊，歷時21天。

一五一八年春，武宗藉太皇太后下葬之機，又開始了第三次巡遊。他到昌平祭完祖陵後，直抵密雲。江彬又從民間搜掠良家女子，裝了十幾車，每天跟在武宗之後，途中有人被活活折磨而死。這次共歷時40天。

返京之後，武宗在詔書中自稱「總督軍務威武大將軍總兵官朱壽統率六軍」，江彬為威武副將軍。這次出遊，又論功行賞，封江彬為平虜伯，其三子也當上了錦衣衛指揮。

第四次巡遊開始於同年夏。江彬引導武宗由大同渡過黃河，直到綏德才往回趕。歸途取道西安。到太原時，大索女樂，求得一個姿儀萬千的歌妓劉氏。武宗迅即拜倒，車載而歸，寵冠諸女。劉氏雖是江彬幫主子搞到手的，江彬為了取悅於她和武宗，管她叫「劉娘娘」。次年3月，一行回到北京。此次旅程之遠，超過了以往任何一次，時間長達半年。

其後，江彬又極力蠱惑武宗到南方巡遊。舉朝文武大臣強烈反對，其中百餘人伏闕勸諫。江彬故意激怒武宗。結果，這些大臣被處以在午門外長跪五天的懲罰，又全部下獄杖打，不少人由此喪命。皇帝及其倖臣的遊樂計畫，竟導致那麼多忠心耿耿的大臣慘遭懲治乃至殺身！不過，眾臣的反對畢竟稍有效果，此行暫止。

一五一九年7月11日，早就蓄謀奪取帝位的寧王朱宸濠（封國在南昌）發動叛亂。消息傳到北京，江彬終於找到實現南巡計畫的藉口，極力鼓動武宗南下親征。武宗也十分樂意，不顧滿朝文武的激烈反對，下令讓江彬贊畫機密軍務，並讓他掌管錦衣衛和東廠兩個特務機構，護駕南征。於是，第五次，也是規模最大的一次巡遊開始了。

一路上，江彬率領邊地之兵隨侍左右，趁機胡作非為。他不時傳旨要這要那，稍不如意便捆綁地方官員。分管糧運的通判胡瓊在恐懼憤怒之下上吊自殺；鎮守南京的成國公朱輔見到江彬，竟拜伏在地；鎮遠侯顧仕隆不服，也幾次遭到江彬羞辱。至於普通百姓，更是敢怒不敢言！

南征隊伍到達揚州，江彬奪民居作為府第，又大肆徵掠寡婦、處女，供皇帝縱慾，引起民間極大的混亂、恐慌。揚州知府蔣瑤反對。江彬把他囚禁起來。到南京，他還誘引武宗去蘇州、浙江乃至湖南，只因在周圍大臣的一致反對下才沒逞。由於朱宸濠已被擒獲，武宗決定返京。走到通州，江彬還極力慫恿他去宣府。因武宗前些時候溺水得病，十分疲憊，沒能成行。

回到亡京後不久，武宗就於一五二一年4月20日病死。

12 哈麻以「房中術」邀寵

中國是個忌諱談性的國度，封建官場的達官貴人卻大多數是好色之徒。他們擁有三妻四妾，卻吃著碗裡的，看著鍋裡的，變著花樣縱情淫樂。這就給那些溜鬚諂媚之輩取悅上司提供了契機。他們絞盡腦汁，出謀劃策，為上司的淫樂提供便利。更有甚者，或從外邊，或自己親自研製淫藥，獻給上司，而使上司淫上加淫，樂上加樂。

元末順帝時代，奸臣哈麻以擔任順帝宮中的侍衛而得寵，青雲直上，最終竟居右丞相職。為了打擊元老重臣脫脫，哈麻恬不知恥地導君淫樂，使順帝日日以女人為戲。

元順帝無道，酷好女色。哈麻為了投其所好，將西方僧人（應為波斯人）引進宮廷。這胡僧擅長流行於阿拉伯的「房中術」，據說能使人身之氣或消或長，或伸或縮，令人快樂無比。順帝試用後，果然與舊日不同，大喜過望，封他為司徒，專門在宮中收授這種「演揲兒法」（漢語意為「大喜大樂之法」）。

哈麻進獻此僧後，果然更得順帝寵信，與順帝母舅老的沙、弟八郎等10人，均被封為「倚納」，同在宮中學習房中術。

哈麻見順帝樂此不疲，又薦舉通曉祕法的西番僧伽璘真。伽璘真誘導順帝：「陛下雖居萬民之上，富有四海，但人生百年，您也只能保有今生今世。人生幾何，歡樂無多，請陛下學習我這種祕密大喜樂之法，保管您快樂無窮。」

順帝自然又是喜出望外，拜伽璘真為國師，教習自己與哈麻等「倚納」房中術，四處索求良家少女，君臣日夜以淫戲為樂。君臣與宮女、嬪妃男女混雜，赤身裸體，同處一室，相互宣淫。將此君臣同居之所稱為「皆即兀該」，意為「事事無礙」。「醜聲穢行著聞於外，雖市井之人亦惡聞之。」

哈麻又夥同番僧，奏請順帝建造「百花宮」，採集婦女玩樂。上自公卿命婦，下至市井麗人，都難逃脫。從中選出16名美女，頭飾紅纓，裝扮成菩薩模樣，稱為十六天魔舞女，亦真亦幻，亦佛亦人，如花似玉，飄飄欲仙，直弄得順帝如醉如癡。

元朝定制，皇帝須五日一離宮，寵幸眾妃。為避免眾臣非議，哈麻等獻策，命人挖掘地道，與眾宮室和天魔舞女居處相連。這樣，順帝即可通宵達旦盡情享樂。

至正十四年（一三五四年）十二月，順帝任命哈麻為中書平章政事，進階為光祿大夫。

當時，脫脫領兵在外，駐軍高郵城下。哈麻趁此機會，跑到奇氏皇后與太子面前說了許多脫脫的壞話，還挑撥監察御史上疏彈劾脫脫的弟弟也先帖木兒。荒淫昏庸的順帝聽信了哈麻等人的鬼話，不久即罷免了脫脫兄弟，將朝中軍政大權全交給哈麻。

順帝因肆行房中術，搞得神魂顛倒，政事荒廢，朝內朝外議論紛紛，人心渙散。這時，哈麻已出任丞相，其弟雪雪為御史大夫。哈麻為了掩蓋自家兄弟的醜行，便企圖嫁禍於妹夫禿魯帖木兒。他對父親禿魯說：「我兄弟位居宰輔，宜導人主以正。今禿魯帖木兒專媚上以淫變，天下士大夫必譏笑我，將何面目見人？我將除之。且上日趨於昏暗，何以治天下？今皇太子年長，聰明過人，不若立以為帝，而奉上為太上皇。」

禿魯帖木兒很快就從夫人那裡得知這一消息，為了保命，也為了報功，立即密報順帝。順帝一聽，十分震驚，立刻下令把哈麻兄弟斬首。哈麻兄弟用最卑鄙下流的手段獻媚爭寵，殘害異己，又反覆無常，終於作繭自縛。

ch.4 做事，忍常人之不能忍

小人不僅精通小人之邏輯，也熟悉君子之規矩，因此善於把兩者故意攪渾。你與他講大道理，他就露出鄙棄一切大道理的神情。一旦你知道了這個祕密，想回過頭去，以無賴邏輯對無賴邏輯，他又道貌岸然地遞過來一句最正常的大道理，使人覺得最無賴的竟然是你。

1 今天是君子，明天是小人

小人善於偽裝，本來心性邪惡，卻能裝出一副君子的形象。小人不僅精通小人邏輯，也熟悉君子規矩，善於把兩者攪渾。你與其講大道理，他們會露出夷之色。你以無賴邏輯對無賴邏輯，他們又會道貌岸然地遞過來一句最正常的大道理，使人覺得最無賴的竟然是你。

唐朝貞觀八年（六三四年），劍南道巡察使李大亮出巡。途中，發現一人才學出眾李大亮一貫愛才，立刻將此人薦舉給朝廷。朝廷很快詔下，授此人為門下省典儀。此人便是李義府。

唐太宗想試試李義府才學深淺。一日，召見他，令他當場以「詠烏」為題，賦詩一首。題目一出，李義府當即脫口吟道：

日裡揚朝彩，琴中聞夜啼。
上林如許樹，不借一枝棲。

此詩流露出他渴求朝官的急切心情。太宗聽後很滿意，說：「與卿全樹，何止枝！」當場授予他監察御史，並侍晉王李治。後李治為太子，李義府被授為太子舍人、崇賢館直學士。因其頗有文彩，與太子司議郎來齊被時人並稱為「來李」。

李義府在皇帝面前善於偽裝，曾進《承華箴》，規勸太子「勿輕小善，積小而名自聞；勿輕微行，累微而身自正。」又說：「佞諛有類，邪巧多方，其萌不絕，其害必彰。」此言有文有質，冠冕堂皇，不僅太子，就是皇上，也說不出什麼不好來。

李治將《承華箴》上奏。太宗覽畢大喜，稱：「朕得一棟梁也！」下詔賜予李義府帛四十匹，並令其參與撰寫《晉書》。

永徽元年（六五〇年），太子李治即位，是為高宗。李義府升為中書舍人。第二年，又兼修國史，加弘文館學士。

李義府對太子曾進言君子的一套規則，待太子登基，他卻載「大道理」都拋棄了。他由黃門侍郎劉洎、侍御史馬周的引薦，與許敬宗等相連結，虛限隱惡，曲意逢迎。長孫無忌奏請高宗貶他到壁州（今四川通江）做司馬。詔令尚未下達，李義府已有所聞，急忙向中書舍人王德儉問計。

王德儉是許敬宗的外甥，其貌不揚，但詭計多端，善揣人意。他向李義府獻計：「武昭儀方有寵，上欲立為后，畏宰相議，未有以發也。君能建白，轉禍為福也。」

李義府心領神會，藉由替王德儉在中書省值宿的機會，立即上表高宗，稱立武昌儀為皇后是人心所向，請廢王皇后。

高宗聞言，正合心意，馬上召見李義府，不僅賜給他寶珠一斗，還將原來貶斥到壁州的詔令停發，留居原職。武昭儀也祕密派人送禮答謝。從此，李義府便與許敬宗、崔義玄、袁公瑜等人結成武昭儀的心腹。

永徽六年（六五五年）七月，李義府升為中書侍郎；十月，立武昭儀為后；十一月，李義府又自中書舍人拜為同中書門下三品，監修國史，並賜廣平縣男爵。

李義府是一個深藏不露的人。表面上，他總是一副謙和溫順的樣子，與人說話也總是面帶微笑，顯得和藹可親，一副君子形象；內心則陰險狡詐，褊狹刻毒，百分之百的小人作派。人稱他是笑裡藏刀，柔而害物的「人貓」。他仰仗武后的恩寵，進爵為侯。此時也不講什麼「勿輕小善」、「勿輕微行」了。

洛陽有一女子淳于氏因有罪，關押在大理寺。李義府聽說這女子貌美，淫心頓起，密令大理丞畢正義削免其罪，納為自己的小妾。大理卿段寶玄聞此事，告到朝廷。高宗令給事中劉仁軌、侍御史張倫審理此案。李義府十分害怕，惟恐事情敗露，便逼迫畢正義自縊，殺人滅口。

侍御史王義方將調查所得，向高宗如實稟報：「義府於輦轂之下，擅殺六品寺丞；正義自殺，亦由畏義府威，殺身以滅口。如此，則生殺之威不由上出，漸不可長，請更加勘當！」他還當廷陳述李義府的罪惡：「附下罔上，聖主之所宜誅；心狠貌恭，明君之所必罰。」

李義府顧盼左右，若無其事。見高宗毫無阻攔之意，只好退出。王意義方憤填膺，繼續廷劾李義府的罪惡行徑，指稱：「此兒可恕，孰不可容！」要求清除君側。高宗見他愈說愈激動，而事涉於己，大聲喝止，反說王義方當廷誹謗，侮辱大臣，出口不遜，將其貶到萊州做司戶，而不問李義府之罪。

顯慶二年（六五七年），李義府代崔敦禮為中書令，兼檢校御史大夫，監修國史，弘文館學士如故，並加太子賓客，封河間郡公。他秉承武后意旨，與許敬宗一起誣奏侍中韓瑗、中書令來濟與褚遂良圖謀不軌。結果三人都被貶外，終身不得朝覲。原吏部尚書柳爽貶為愛州（今越南清化）刺史，後被誣與褚遂良等朋黨勾結而被殺。

李義府就是這樣，一會兒君子操守，一會兒小人作派，把清水攪混了，他好興風作浪。

2 做了壞人做好人，不露聲色置人死

扮可憐的賣乖，巧在博得同情，達到目的。小孩臉露痛苦、無助之狀，要大人答應所求；乞丐總是衣衫襤褸，討得施捨；連老闆開除員工，也愛擺擺困難，倒倒苦水，減輕對方的不滿。

西漢元帝時期，太監石顯善於用君子邏輯在皇帝面前裝點自己，又善於用小人邏輯打壓群僚。最令人不解的是，明明他害了人，大家似乎又都認為他是好人。他簡直把好人壞人的界限都攪和亂了。

石顯是濟南人，因犯罪而被處以宮刑，收入宮中做了太監。當時，朝廷重法治，賞罰嚴明。石顯看出，想要出頭，就必須熟悉法律。因此，他一方面猛攻法律，一方面揣摩漢元帝的心意。由於他旦夕侍奉在元帝身邊，元帝經常問他一些法律方面的事，他的應答往往十分合乎元帝的心意，因而博得了元帝的歡心，提拔他做了中書令，掌握機要文獻。

元帝當政後期，因長期身體不佳，不能經常上朝理政，必須找一個既能體察他的心意，又能朝夕不離左右的人。他選中了石顯。元帝認為石顯在宮日久，諸事熟稔，精明能幹，辦事符合自己的心意，又覺得他在朝中無親無故，不會拉幫結夥，危及朝廷，所以對他十分放心，許多事都交給他去辦。

孰料，石顯報復心極強，凡是得罪過他的人，他都不放過，而且能尋出所謂的法律依據，讓人有苦說不出。結果弄得朝廷上下都視他若虎豹，不敢與之爭鋒。

石顯想要對付的首要目標是大臣蕭望之。

蕭望之是元帝當太子時的老師，其正直與學問、才幹都名冠一時。況且，他還是漢宣帝所指定，輔佐元帝的輔政大臣，在朝廷的地位和元帝對他的倚重可想而知。

元帝即位後，蕭望之滿以為自己的這位學生將大展宏圖，沒想到他竟重用宦官，顧是憤然上書：「管理朝廷的機要是個十分重要的職務，本該由賢明的人擔任。可如今皇帝在宮廷裡享樂，把這一職務交給太監，這不是我們漢朝的制度。古人說：『受過刑的人，不宜留在君主身邊。現在應當改變這一情況了。』」

石顯看到這一奏章，當然把蕭望之視為仇人，從此挖空心思，要陷害他。

蕭望之的正直還引起外戚的反感。有個叫鄭朋的儒生，為了弄個官做，就投蕭的所好，上表攻擊許、史兩家外戚專權。蕭望之接見了鄭朋，給了他一個待詔的小官。後來發現鄭朋不是個正人君子，就不再理他。到了考評升降官員的時候，與鄭朋同是侍詔的李官被提升為黃門侍郎，鄭朋卻原封未動。

鄭明一怒之下，反去投靠了與蕭望之不和的史、許兩家外戚。他編造謊言說：「我是關東人，怎知你們兩家外戚的事？以前我上書劾奏你們，全是蕭望之一夥人策劃的。」他心懷機詐，到處揚言：「車騎將軍史高、侍中許章接見了我，我當眾向他們揭發了蕭望之的過失，其中有五處小過，一處大罪。如果不信，就去問中書令石顯。當時他也在場。」

蕭望之聽到此言，立刻去向石顯打聽。石顯正想雞蛋裡挑骨頭，蕭望之送上門，自然正中下懷。

他找來鄭朋和一個與蕭望之素有嫌隙的待詔，叫他們上書劾奏蕭望之搞陰謀，離間皇帝與外戚的關係，要撤車騎將軍史高的職。奏章交到元帝手上，元帝叫太監弘恭去處理。弘恭是石顯的同夥，也參預了陷害蕭望之的陰謀。他立刻把蕭望之找來，進行詰問。

蕭望之十分老實地據實回答：「外戚當權，多有橫行不法之處，擾亂朝廷，影響了國家的威望。我彈劾外戚，無非是想整頓朝政，決非搞什麼陰謀，更不是離間皇上和外戚。」

弘恭偵訊之後，向元帝奏報：「蕭望之、周堪、劉更生三人結黨營私，相互標榜，串通起來，多次攻擊朝廷上掌權的大臣，其目的是想打倒別人，樹立自己，獨攬大權。這樣做，是大不忠。請皇上允許我們派人把他送交廷尉處置（謁者召致廷尉）。」

當時，元帝即位不久，看到奏章上「謁者召致廷尉」幾個字，也不甚明白，就批准了這道奏章。

其實，「謁者召致廷尉」就是逮捕入獄。等過了很久，元帝見不到蕭望之、劉更生、周堪等人，就問眾臣，他們到哪裡去了？一聽說他們都已被逮捕，大吃一驚，急召弘恭、石顯追問。二人雖叩頭請罪，畢竟是由自己批准，也不好責備，只是讓他們快放了這三人，恢復他們的職務。

石顯急忙去找車騎將軍史高商議。

史高也很著慌。他知道，整不倒蕭望之這些人，自己的日子會越來越難過。為此，他急忙晉見元帝，說：「陛下剛即位，老師和幾個大臣就入了獄，大家以為肯定有充分的理由，現在您若把他們無故釋放且恢復官職，那就等於自己承認了錯誤。這會極大地影響您的威望。」

元帝年輕識淺，被史高一說，也覺得有道理，於是只下詔釋放蕭望之三人，但革職為民。

但元帝畢竟良心未泯，過了幾個月，覺得心裡不安，再說也確實需要蕭望之等人，就下了一道詔令，封蕭望之為關內侯，食邑六百戶，進宮辦事，其地位在朝廷上僅次於將軍，並準備讓他當丞相。這使石顯一夥大感恐慌。

恰在此時，蕭望之之子，散騎中郎蕭汲上書替父親就上次被逮捕入獄且削職為民之事喊冤。他以為皇上已重新重用蕭望之，應當可以昭雪前案。但此舉反倒使元帝惱羞成怒，立命有關官吏審理此案。

審案的官吏當然是承揣上意，哪敢據實辦理。審後，他們向元帝報告：「蕭望之以前所犯過失很清楚，不是別人陷害所致。現在皇上重新重用了他，他不感皇恩，卻教唆兒子上書喊冤，誹謗皇上，這不是人臣所應為，對皇上犯了不敬之罪，應告逮捕法辦。」

石顯又趁勢添油加醋地奏言：「蕭望之當將軍的時候，就排擠史、許等皇上親近的大臣，想獨攬大權。他仗著自己是皇上老師，利用皇上的寬厚仁慈，肆無忌憚地興風作浪，那時候就該治他的罪。現在皇上封侯賜官，他不僅不感謝浩蕩的皇恩，反到心懷不滿，縱子上書，實在太不應該。如果不送到監獄裡讓他清醒一下，朝廷怎麼能鎮服人心呢？」

元帝怕蕭望之年紀已大，不肯受辱，會自殺。

石顯說：「上次入獄，他都沒有自殺，這次犯的只是言語之罪，他當是更不會自殺了。」

於是，元帝批准了逮捕蕭望之。

石顯立即率人包圍了蕭望之的家。

蕭望之弄明了真象，說：「我曾做過前將軍，現已近七十歲，這樣的八資歷和年齡，還要受辱入獄，再活下去，不是太卑鄙了嗎？」於是讓門客朱雲拿來毒藥，服毒自殺了。

石顯害死了蕭望之，去了一個冤家對頭，事情也做得很漂亮，甚至可以說不露痕跡。但蕭望之畢竟是極有名望的人，對他的死，大家議論紛紛，多少有輿論涉及到他。石顯為了保護自己，就精心策劃，先從輿論最多的儒生堆裡下手。他極力向元帝推薦當時的大名士貢禹，讓貢禹當上了御史大夫。他還處處對貢禹做出必恭必敬的樣子。這麼一來，批評他的輿論消除了，儒林之中交口稱譽他舉賢任能，使他博得了一個很好的聲譽。

3 盧杞拿公家說事兒

小人在利用他人做某事時，總是先掩蓋住自己的真實目的，裝出一副關心他人，為他人著想的樣子，分析利弊，指陳利害，故意扭曲或誇大事實，造成對方的不安全感。一旦他人感覺到自身的利益受到威脅，就會自然而然採取保護措施，把矛頭指向那個危險物。然而，這個危險物並不一定存在，很可能是小人巧言編織的結果。

唐代人盧杞頗有口才，但容顏甚醜，「鬼貌藍色」。其祖父盧懷慎在唐玄宗時曾為相，為官清廉，死後贈荊州大都督，諡曰文成，史稱賢相。其父盧奕，官至御史中丞，安史之亂後留守東都洛陽，城陷被害。被殺前，歷數安祿山罪狀，大義凜然：「為人臣者當識逆順。我不曾失節，死何恨？」英勇獻身，贈兵部當書，諡曰貞烈。

借助門蔭，盧杞於天寶十四年（七五四年）十二月，任清道率府兵曹參軍。朔方節度使僕固懷恩納具為節度府掌書記，因病免職。不久，補鴻臚丞，出為忠州刺史。赴任後，拜見節度使衛伯玉，因其不喜，只好裝病謝歸。回長安後，任吏部郎中，出為虢州刺史。

如果不是借助門蔭，像盧杞這等其醜無比之人，在當時恐怕很難走入仕途。

盧杞一走入仕途，就千方百計，力圖討得最高統治者（皇帝）的歡心。

建中元年（七八〇年），他向新即位的德宗上奏道：「守虢，有官豕三千為民患。」

德宗欲將這三千官豬遷往沙苑。沙苑屬同州。

盧杞又奏道：「同州之民亦屬皇上的百姓。臣以為，將豬就地宰食最合適。」

德宗稱許道：「守虢而憂它州，宰相材也。」遂下詔將官豬賜給貧民，並將盧杞重用，任其為御史中丞。

建中二年（一八一年）二月，盧杞又獲得升遷，任御史大夫、京畿觀察使。

這一年，朝中發生了楊炎錯殺劉晏一案。楊炎是門下侍郎同平章事，位居宰相。宰相錯殺無辜，惹得朝野側目，有人甚至為此譏斥朝廷。楊炎想息事寧人，背後又散布劉晏是因「上自惡而殺之。」

德宗聞知，十分惱怒，曾有誅殺楊炎之念，但終於隱而未發。不久，將楊炎遷為中書侍郎，擢盧杞為門下侍郎同平章事，與楊炎共掌相權。

盧杞遷為御史大夫是二月丁未日，升為宰相是二月己巳日，其間只有9天。僅從時間如此短暫，已足可看出盧杞有其特殊的媚主本領。再從其「論奏無不合」來看，更可證明他極其善於揣摩皇帝之心意。善揣主意，媚之有術，便是盧杞平步青雲，謀取相位的訣竅。

小人得志更猖狂。盧杞位居宰相，但他才疏學淺，並無治國之能，所以，「賢者妒，能者忌，小忤己，不致死地不止。」他還收羅朋黨，協眾市權，以鞏固其攫取的政治權益。

盧杞雖與楊炎同掌相權，但從外貌到才幹，從政績到威望，都無法比擬。他認為楊炎的存在對他是最大的威脅。在楊炎眼裡，盧杞不過是個以權術阿諛君主，方得以爬上高位的小丑，所以對他極為輕視。

「唐制，諸宰相，日會食於政事臺。」楊炎不齒於與盧杞共議國事，經常以有病為由推脫，不與其會食。盧杞明其本意，覺得受到莫大的羞辱，愈發對楊炎恨得咬牙切齒，欲除之而後快。為了「起勢立威」，盧杞便引太常博士裴延齡為集賢殿進學士以自助。盧杞收羅一些朋黨後，便尋機向楊炎發難。

建中二年（七八一）六月，山南東道節度使梁崇義舉兵反。德宗進封李希烈為南平郡王，加漢南、漢北兵馬招討使，督諸道兵馬以討之。

楊炎諫爭：「希烈為董秦養子，親任無比，逐秦而奪其位，為人狼戾無親，無功猶倔強不法，使平崇義，何以制之！」

德宗不聽。楊炎固執地一再爭諫，惹得德宗非常不滿。

七月，李希烈所率討伐軍因久雨而停滯不前。德宗大感奇怪。

盧杞趁機祕奏德宗：「希烈遷延，乃楊炎故也。陛下何愛楊炎一人而墮大功。不若暫免炎相以悅之。事平復用，無傷也。」

德宗信以為然，便罷楊炎相，降職為左僕射。

盧杞為了進一步陷害楊炎，便薦舉嚴郢為御史大夫。嚴郢原為京兆尹，楊炎為相後，將其遷為大理卿，對楊炎自然恨之入骨。盧杞與嚴郢合謀，共同收集楊炎之罪。

當初，楊炎於曲江之南立家廟，委託河南尹趙伯惠代賣洛陽私宅，趙伯惠將此宅售為官廨。嚴郢聞之，以為大有文章可做，便告訴了盧杞。

盧杞急不可待地召大理正田晉以法論罪。

田晉說：「律，監臨官市賣有羨利，以乞取論，當奪官。」

盧杞大怒，認為僅僅奪官，懲罰太輕。為此，他奏請貶田晉為衡州司馬，改由他官論楊炎之罪。在其授意下，審訊者奏言：「監主自盜，罪當絞。」

楊炎立家廟之處，是玄宗開元年間的宰相蕭嵩家廟所立之地。玄宗遊幸江南時經此，以為這裡有王氣，便令蕭嵩將家廟遷徙。於是，盧杞藉此上奏德宗：「此地有王氣，故玄宗令嵩徙之。炎有異志，故於此地建廟。」

德宗大怒，10月，貶楊炎為崖州司馬。楊炎行至崖州百里處，被縊殺。趙伯惠因受牽連，自河中尹貶為費州多田尉，亦被殺害。

盧杞先以罷免楊炎相而取悅李希烈為名，解除了楊炎的宰相之職，爾後借嚴郢之力，製造了趙伯惠的冤獄，最終製造了楊炎的冤案，致二人於死地，真可謂陰險之至！置楊炎於死地後，盧杞又把矛頭轉向張鎰。張鎰是中書令，亦宰相也，忠厚耿直，為德宗所愛。在盧杞看來，若能將張鎰排擠出朝廷，他就可以「專聽朝政」。

建中三年（七八二年）四月，德宗得悉朱泚在鳳翔有異志，欲物色一重臣取而代之。盧杞說：「朱泚名位素崇，鳳翔將校班秩已高，非宰相幸臣無以鎮撫之。」

德宗沈默不語。

盧杞又說：「陛下必以臣貌寢，不為三軍所服，固唯陛下神算。」

德宗看看張鎰，說：「才兼文武，望重內外，無以易卿。」

張鎰明知自己是為盧杞所排擠，但已無詞以免，只好拜謝。詔令張鎰為鳳翔尹、隴右節度使。後為朱泚部將李楚琳殺害。

盧杞請赴鳳翔，關鍵在於強調非宰相前去不可。而他又明知德宗不會派己前往。這就等於說，非張鎰去不可了。二次進言強調「為三軍所服」，無疑點了張鎰的將。盧杞欲將張鎰擠走，且又不露痕跡，狡詐陰險之心簡直無以防也。

就這樣，盧杞縊殺一宰相，擠走一宰相，從此獨攬朝權。

4 靠滿足他人乘虛而入

人是很容易迷失自己的動物，有些時候一點點收穫、一點點滿足，可就能讓人「不知道自己姓什麼了」，陶陶然似乎這個世界只剩下透明閃亮的美好東西，所有的污濁危險全都清洗一空。結果呢，經常落得樂極生悲，結局慘痛。

人往往就是這樣，給他一個甜果子吃，他嚼在嘴裡，臉上也會綻出笑容；給他一頂高帽子戴，他就誤以為自己真的成了高高在上的人物。人的這些「劣根性」很難連根拔掉。特別是當人的心理層面獲得了某種滿足時，就更容易喪失起碼的警惕性，誤入甚至主動走入別人設下的圈套，明明已經身臨險境，還渾然不覺，懵然無知。

以捉摸人的心理為第一專業的小人當然對人性的這些弱點有足夠的認識與把握，為了達到利用或打擊的目的，他們會在揣摩他人心理的基礎上，極力創造條件，去滿足他人物質或心理上的需要，麻痺他人的心志，以便在他人毫無所知甚至主動合作的情況下，撈取利益或打擊異己。透過這一手段，小人大大減輕了達到目的時可能遇到的阻力，當真是清清爽爽，一帆風順，不僅撈得利益，有時還能做個「好人」。

5 官場「不倒翁」馮道

馮道是我國五代史上一個著名人物。他從後唐明宗時任宰相，歷仕後唐、後晉、契丹（後建立了遼王朝）、後漢、後周，五朝，八姓，十一帝，「累朝不離將相、三公、三師之位」，共二十多年。「君則興亡接踵，道則富貴自如。」馮道為此自稱長樂老，成了五代官場上的不倒翁。

唐朝末年，軍閥割據，戰亂頻仍。李克用割據晉陽，獨霸一方。李克用雄才大略，其子李存勖在滅梁前後，也頗有作為。大概是因為看到了這一點，馮道才投奔了李存勖，並終於成為李存勖的親信。

馮道起初擔任晉王府書記，負責起草收發各種政令文告、軍事信函。晉王李存勖因朱溫所建立鬥梁政權十分腐敗，欲伺機滅掉後梁。晉王和後梁的軍隊在黃河兩岸對峙，戰鬥打得十分激烈。馮道身為李存勖的親信，卻能以身作則，率先過簡樸的生活。據歷史記載，他在軍中蓋了個小茅草屋，連床席都沒有，只睡在一束乾草之上。

馮道很善於處理君臣之間的糾紛。在消滅後梁的戰爭中，晉王的軍餉十分匱乏。由於陪李存勖吃飯的將領太多，主管人員弄不來那麼多供應，十分為難。大將郭崇韜對李存勖說：「供應緊張，能不能少幾個陪著吃飯的人？」李存勖發火道：「我想為那些替我賣命的人弄頓食吃都不成，哪還能當主帥？」郭崇韜嚇得不敢作聲。馮道在一邊說：「糧餉供應確實困難。郭崇韜這麼說，也是對大王的一片忠心啊！」這場風波就此消弭。

但李存勖滅掉後梁以後，只重視那些名門貴族出身的人，對馮道這類沒有「來歷」的人並不重用。馮道這時當了個什麼官，並不重要，重要的是他聽到父親死後，只能徒步奔喪，其困窘的程度可想而知。直到莊宗李存勖被殺，明宗即位，他才被召回。明宗鑑於前朝智教訓，重用有文才的人，想以文治國。馮道這才被任命為宰相，真正發跡。

一天，明宗問臣下年景如何。臣下大多說了些粉飾太平的話，馮道卻給明宗講了一個故事。馮道說：「我當年在晉王府，奉命到河北中山一帶公幹，途中要路過井陘。我早就聽說井陘難走，人馬到了那裡，多發生被絆倒摔傷的事，我因而十分小心，總算平安地走過了井陘。沒想到過了井陘，到了平地，卻從馬上摔下，差點摔死。我這才明白，要處處小心，時時提防。我的事雖小，卻可以用來比喻大的事情。望陛下不要以為五穀豐登、河清海晏，就可以高枕無憂了。陛下若能兢兢業業，避免放縱、享樂，便是我們臣下所希望的呀！」

又有一次，明宗問眾臣：「天下百姓的日子過得怎麼樣？」馮道趁機進言：「穀貴餓農，穀賤傷農，此常理也！唐朝詩人聶夷中寫了一首《傷田家詩》：「二月賣新絲，五月糶秋穀，醫得眼前瘡，剜卻心頭肉。我願帝王心，化作光明燭，不照綺羅宴，偏照逃亡屋。」明宗聽後，連說好詩，命人抄錄，經常誦習。

後唐明宗去世，他的兒子李從厚即位。不到四個月，同宗李從珂即興兵來伐，要奪取帝位。李從厚得到消息，連臣下也來不及告訴，就慌忙跑到自己的姑夫石敬瑭軍中。第二天早上，馮道及眾臣來到朝堂，找不到皇帝，才知道李從珂兵變，並已率兵往京城趕來。馮道這時的做法真是一反常態，極其出人意料。他本是明宗一手提拔，從寒微之族被任命為宰相，按常理說，此時正是他報答明宗大恩的時候，況且李從珂起兵實屬大逆不道。但他沒有考慮這些，只想到李從珂擁有大軍，且性格剛愎，而李從厚不過是個小孩子，即位以來，尚未掌握實權，為人又過於寬和優柔。在權衡了利弊之後，他決定率領百官迎接李從珂。

中書舍人盧導出而抗言：「哪有天子在外，大臣反去勸別人當皇帝呢？我們是不是該去投奔天子？」丞相李愚等人也隨聲附和。但馮道要大家認清當前的形勢，不要固執己見。大多數人無奈，只得跟馮道一起到洛陽郊外，列隊迎接李從珂，並獻上請李從珂當皇帝的勸進書。

就這樣，馮道由前朝的元老重臣搖身一變，成了新朝的開國功臣。只是，李從珂對他實在不放心，不敢委以重任，把他放到外地任官。後來又覺得過意不去，把他調回京中，給了他一個沒有多大實權的司空之位。

不久，石敬瑭同李從珂發生衝突。石敬瑭想藉恢復明宗的旗號打倒李從珂，但他兵力單簿，不能同李從珂抗衡。為了奪取帝位，他竟不顧一切，派使者赴契丹，向契丹主耶律德光求援，並許下三個條件：一、事成之後，向契丹稱臣；二、向耶律德光自稱兒子；三、割讓雁門關以北諸州。

耶律德光正想插手中原，石敬瑭主動來求，正中下懷，便約定中秋以後傾國赴援。在契丹人支援下，石敬瑭打敗了李從珂，做了歷史上臭名昭著的「兒皇帝」。

石敬瑭當皇帝身後，把原明宗朝的官吏大多復了職，馮道也被任命為宰相。

登基之後，石敬瑭的第一件大事就是實現對耶律德光許下的諾言，否則，王朝就有傾覆的危險。但他自稱「兒皇帝」，上尊號於契丹皇帝與皇后，實在說不出口。據載，寫這道詔書的官吏當時「色變手戰」，乃至於「泣下」。至於派人去契丹當冊禮使，更是一個既要忍辱負重，又要冒生命危險的事。石敬瑭想派宰相馮道前去，一是顯得鄭重，二是馮道較為老練。但他很為難，怕馮道拒絕。誰知他一開口，馮道居然毫不推辭地答應了，真使他喜出望外。

馮道在契丹被阻留了兩個多月。經多次考驗，耶律德光覺得這個老頭還算忠誠，就決定放他回去。誰知馮道還不願回去，多次上表，表示想留在契丹。越是這樣，耶律德光就越覺得應當讓他回去，好讓他在後晉朝廷為自己辦事。經過多次反覆，耶律德光一定要他回去，馮道才顯出一副依依不捨的樣子，準備啟程。一個月後，他才上路。在路上又走走停停，走了兩個多月，才出了契丹國境。他的隨從不解地問他：「能活著回來，恨不得插翅而飛，您為什麼走得這麼慢？」馮道說：「一旦走快，就顯出逃跑的樣子。走得再快，契丹的快馬也能追上，那有什麼用呢？」

這趟出差回來，馮道真是風光極了，連石敬瑭都得巴結他。石敬瑭讓他手掌兵權，「事無巨細，悉以歸之。」不久，又加他為「魯國公」，寵信有加。

石敬瑭的後晉政權只維持了十年多一點就完蛋了。後晉出帝開運三年，耶律德光率三十萬軍隊南下，占領了汴京。

馮道趁勢主動投靠耶律德光，滿以為耶律德光會熱烈歡迎。沒想到北方夷狄不懂中原的人情世故，耶律德光一見到他，就指責他輔佐後晉的策略不對。這可把馮道嚇壞了。耶律德光問道：「你為什麼來朝見我？」馮道回答：「我無兵又無城，怎敢不來？」又問：「你這老頭是個什麼樣的人？」答曰：「是個又憨又傻、無德無才的糟老頭！」馮道裝憨賣傻，卑辭以對，弄得耶律德光哭笑不得，就沒有難為他。

不久，耶律德光見中原百姓生靈塗炭，便問馮道：「怎樣才能救天下百姓？」馮道裝出一副真誠的樣子說：「這時候就是如來佛出世，也救不了此地的災難，只有陛下才能救得！」耶律德光慢慢地相信並喜歡上了馮道，讓他當了遼王朝的「太傅」。後來曾有人檢舉他曾參與過抵抗契丹的活動，耶律德光反倒為他辯護：「這人我信得過。他不愛多事，不會有逆謀，你們不要妄加攀引！」

契丹人十分殘暴，「縱胡騎四出，以牧馬為名，分番剽掠，謂之『打草穀』。丁壯斃於鋒刃，老弱委於溝壑。」契丹的三十萬大軍，無正常的軍需管道，只靠剽掠為生，因而激起了中原百姓的強烈反抗。馮道看出契丹人如此下去，長久不了，就開始為自己的後路著想。他想方設法，保護了一批投降契丹的漢族地主，為自己日後的仕途留下退路。他這種做法，竟至連歐陽修都評論道：「契丹不夷滅中國之人者，賴（馮）道一言之善也。」

在百姓反抗下，契丹人被迫北撤。馮道隨契丹兵撤到恒州，趁契丹敗退之際，逃了回來。這時，石敬瑭的大將劉知遠趁機奪取政權，建立了後漢政權。劉知遠想安定人心，籠絡各方勢力，聽得馮道因保護許多人而得讚譽，就拜他為太師。

五代時期，政權更迭，真如走馬燈一般，令人眼花撩亂。劉知遠的後漢政權剛剛建立四年，郭威就扯旗造反，帶兵攻入汴京。這時候，馮道又故技重施，率百官迎接郭威。郭威進京，建立了後周政權，讓馮道當了宰相。馮道還主動請纓，去收伏劉知遠的宗族劉崇、劉贇等手握重兵的將領。劉贇相信馮道，認為這位三十年的故舊世交不會欺騙他。沒想到一走到宗州，就被郭威的軍隊解除了武裝。

沒過幾年，郭威病死，義子柴榮繼位，是為周世宗。割據一方的後漢宗族劉崇勾結契丹，企圖一舉推翻後周政權。馮道根據自己半個世紀的居官經驗，只道此次後周是保不住了，肯定又得改朝換代，自己雖已是苟延殘喘之年，還是要保住官位爵祿。

柴榮當時只有三十四歲，年紀不大，卻很有膽識、氣魄。當劉崇、契丹聯軍襲來，一般大臣都認為皇帝新喪，人心易搖，不可輕動。柴榮卻一定要親征。眾臣見柴榮意志堅定，也都願意跟隨，不再多說。只有馮道在一邊冷嘲熱諷地「固爭」。

柴榮說：「過去唐太宗征戰，都是親自出征，難道我就不能學學他？」

馮道譏問：「不知陛下是不是唐太宗？」

柴榮不理他的風涼話，又說：「以我兵力之強，出擊劉崇、契丹聯軍，猶如以山壓卵，如何不勝？」

之後，柴榮還真不怕邪，親率軍隊，於高平之戰中大敗劉崇、契丹聯軍，以事實給了馮道一記響亮的耳光。就在柴榮凱旋之時，馮道已油盡燈枯，對在下一個王朝做官失去了信心。也許他因自己的判斷失誤而傷心吧，柴榮的勝利終於送了他的老命。

馮道死於九五四年。他在世上活了73個年頭。

6 識時務者為俊傑

歷史上各朝各代，官場百態，令人目不暇接。明末清初，如史可法等人威武不屈，捐忠報國；顧炎武、王夫之等誓死不做新朝的官，或繼續堅持反對新朝的鬥爭，或只做山野匹夫。這些人抱著一種古老的信條：「一女不嫁二夫，一臣不事二主。」當然，有許多人，吳三桂、耿精忠之流，紛紛改頭換面，做了新朝的大小官員。其言曰：「識時務者為俊傑。」

民國時期，軍閥割據、混戰，掌權者變換頻率極高。許多人遂學那「孫猴子」七十二變，以適應瞬息萬變的現實。

當時的福建督軍李厚基即練就了一身過硬的「本事」。

一九一七年，張勳復辟前夕，5月22日，在徐州舉行了第四次督軍會議。席間，效忠清廷的孤臣孽子紛紛表明願隨張大帥恢復大清江山，氣氛極其熱烈。李厚基為表忠心，別出心裁，在鬧聲中離席而起，走到張勳座位前，「撲通」一聲，跪倒在張勳腳下。眾人咸感詫異，不知此人何故。張勳也奇怪地看著李厚基。

李厚基叩了叩頭，激情滿懷地說：「我早就盼望著張大帥說出復我大清王朝這句話，今天終於等到了……嗚——」當著眾人的面，他竟然嚎啕大哭起來。

接著，他一把鼻涕一把淚地訴說了自己晝夜想復興大清的心思：「我離開禮州時，老母曾對我說：『你可記住你的父親是為國陣亡的，這次進京，只要遇到關係皇室的事，就應當盡力報效，這才稱得起繼承你父親的遺志，報答國家的厚恩。』如今張大帥率領我輩效忠清廷，我若不為此盡力，不但上對不起朝廷，下也對不起父母呀……」

哭訴完畢，他立即將自己的名字端端正正地寫在張勳事先準備好的一幅緞子上。

李厚基的言行舉止，感動了復辟群丑，使這次會議的氣氛更加高漲。張勳也異常欣慰。復辟後，李厚基即被任命為福建巡撫。

李厚基受任後，受寵若驚，感激涕零，令部屬在官署之前高懸大清龍旗，大宴賓客，以表慶賀。

張勳復辟，遭到全國民眾唾罵。幾天後，李厚基聞知廣東省軍政長官皆通電反對復辟，深恐廣東出師北伐，福建將首當其衝，惴惴不安，驚懼萬分。他立刻召集幕僚商討辦法，尋得一個萬全之策：嚴守中立。

如何表明自己中立的態度呢？李厚基靈機一動，在署門左右樹兩桿大旗，一邊掛上民國初的五色旗，一邊依然掛上大清龍旗。福建的布告公文也用「中華民國福建省督軍」與「欽命福建省巡撫」，年月日用民國六年和宣統九年字樣。

其後，這個在徐州會議上自稱奉母命效忠清廷的福建督軍，於張勳復辟的鬧劇被平息以後，立刻向段祺瑞搖尾乞憐，而且通電全國，「誓死擁護共和」，搖身一變，又做了段政府的官。

當時，有好事者如是譏刺：「李厚基督軍這次『誓死擁護共和』，不知是否也奉了母命。」

直隸省民政長官兼督軍朱家寶在張勳復辟前後的表現，與李厚基如出一轍，但他的運氣沒有李厚基那麼好。張勳復辟後，朱家寶被朝授予民政部尚書。他歡天喜地，準備進京就職。

後來，舉國一致聲討張勳的倒行逆施。段祺瑞在直隸省公署設立討逆軍司令部，積極組織各路軍隊討張。朱家寶眼見張勳復辟如此不得人心，料到復辟王朝勢必難以維持，自己的民政部尚書一職壽命也不會太長。於是他捨去原來晉京就職的打算，轉而開始抨擊張勳的大逆不道，對段祺瑞曲意獻媚，希望以此保住他的直隸督軍這個職位。

對朱家寶在張勳復辟時的表現，段祺瑞一清二楚，很瞧不起他的反覆無常，毫不留情地斥責他：「聽說閣下接到清廷任命狀後，曾對闕受詔，還作了謝恩摺，內有『時刻不忘大清朝』、『沒有哪一天不想著大清重建』等話，今天又在我面前吹噓自己誓死擁護共和，為什麼前後如出於兩人之口？」

朱家寶急忙辯解：「那個奏摺不是出自家寶的手筆，完全是張勳的捏造。」說完以後，他馬上脫下帽子，跪在段祺瑞面前磕頭不止。段祺瑞對他這種舉動非常厭惡，冷言嘲諷：「我現在是民國的總理，不需要閣下行磕頭請安的禮儀。這種禮節，留待就任民政尚書時，對皇帝和張大人再用吧！」

朱家寶羞愧難當，也深知無法再立足於官場了，第二天清晨就帶著金銀家當，悄然溜走。

7 董賢以男色媚主

女子「以色事人」，不奇；男子「以色事人」，吃軟飯，就有些出格了。此等人沒有多大的本領，可權勢利祿慾十分強烈，於是只好出賣赤裸裸的肉體，或成為同性戀君主的尤物，或成為太后妃嬪的面首。這本是男人的恥辱，可他們自鳴得意，毫無羞愧之心。

董賢，字聖卿，雲陽地方人士。其父董恭，漢成帝時官至御史。董賢借老爹的光，做了太子舍人。哀帝即位，因此前跟隨時為太子的皇上，遂升為郎官。

古時沒有鐘錶，用漏壺計時。起初，董賢在宮中管報時辰，一幹就是兩年多。他沒什麼能耐，但他的爹娘給他生了一副漂亮臉蛋。也合該他發跡，竟被哀帝一眼看上，一高興，賞他個黃門郎的官。官爵就在皇帝兜裡揣著，說賞就賞，不用回家現取去。董賢由此得寵，青雲直上。

追根溯源，董賢這個天下尤物從哪兒來的？當然是他爹媽生的。於是連類而及，哀公徵召其父董恭為霸陵令，不久又升任光祿大夫。董賢所受的寵愛日甚一日，沒幾天又被提拔為駙馬都尉侍中。皇上出門，他在輦車上陪侍（古代乘車的方式，尊者居左，駕車者居中，另一人居右，稱為車右或驂乘），入宮也隨侍皇帝左右，形影不離。哀帝十天半月的賞錢成千上萬，令朝臣驚羨莫名。

董賢經常與皇上同起同臥，儼如夫妻。有一天，兩人大白天睡在一個被窩裡，董賢把皇帝的衣袖壓在身底。皇上睡足了，想起身。董賢這時正睡得香，哀帝不忍驚動他，便用剪刀剪斷衣袖，這才起來。兩人恩愛無比，如膠似漆，掰不開，扯不斷。

封建皇帝，三宮六院再加七十二偏妃，女人多的是，隨叫隨到。可哀帝偏愛鬚眉。他有這口累，誰也沒轍。

不管真龍天子，還是凡夫俗子，身上長著的物件都沒什麼兩樣。哀帝喜同性，亦不足為奇，倒是便宜了董賢這個小白臉。他女人氣十足，性格溫柔，嘴巧會說，善於逢迎，百般獻媚。每當皇上賜他梳洗沐浴，他也不肯離皇上一步，留在禁中侍候。

哀帝也想得十分周到，因為董賢常年拴在宮裡，難得回家過夫妻生活，就下詔把他的老婆調進宮來，登上名冊，隨便出入，並騰出房舍，讓董賢兩口子居住，如同一般宮廷官吏一樣。還詔令董賢的妹妹為昭儀（古代帝王嬪妃的稱號，屬九嬪之一，地位甚高，位比丞相，爵比諸侯王），地位僅次於皇后，名其房舍為「椒風」，以與皇后所居的「椒房」相配。昭儀與董賢夫妻一天到晚圍在皇帝身邊。賞賜給昌儀及董賢夫妻的錢各以千萬計。

同時，提拔他的父親為少府，賜爵關內侯，有封邑可食，不久又轉為衛尉。又任命他老丈人為將作大匠（掌建宗廟、宮室、陵園的土木工程），小舅子為執金吾。

詔令將作大匠大造宅第於北闕下，如皇帝制度，前殿後殿，殿門相對，土木之功，極其富麗堂皇，支柱與軒闌之板都用絲綢包裹。就連董賢家的奴僕也受到皇上的賞賜，賞賜物有武庫的兵器，上方的珍寶。以至於東園祕器（棺材），珠襦玉匣，都預先賞給董賢，無所不備。又命將作大匠為董賢在義陵旁修建墳墓，內為便房，用堅硬的柏木做棺材的裡層，外為專供巡行出入的道路，四周圍牆長數里，門闕罘罳（宮闕門外的疏屏。上面飾有雲氣鳥獸，狀鏤空如「同」），甚是壯觀。

皇上愛董賢愛得發瘋，想封董賢為侯，卻苦於找不到機會。正當此時，待詔孫寵、息夫躬等人告發東平王劉雲的夫人到廟中祭掃，祈求鬼神降禍於所惡之人的不法之事，交刑部治罪。皇上把功勞記在董賢帳上，下詔封董賢為高安侯，息夫躬為宜陵侯，孫定為方陽侯，食邑各千戶。不久，又追加董賢兩千戶。丞相王嘉懷疑東平王的事太冤枉，十分討厭息夫躬等無端陷害，數次在殿前諫爭，指斥董賢破壞國家制度。但董賢乃是皇帝的心上人，哪裡搬得動他？王嘉竟因說了董賢的不是，被投入監獄而死。哀帝剛即位時，祖母傅太后、母丁太后皆健在。傅太后的堂弟傅喜先做了大司馬，輔佐朝政，數次進諫，因不合太后旨意，被免官。皇上的舅父丁明代理大司馬，亦忠於職守，對董賢的寵愛構成威脅。丞相王嘉冤死，丁明為他鳴不平。皇上越來越倚重董賢，想把董賢推到最高位，因而恨惡丁明，竟把他一擼到底，攆回家去。然後讓董賢代丁明為大司馬衛將軍，並授以全權。

這一年，董賢才二十二歲。雖為三公，卻常居宮中，百官奏事，都需經他的手方能上達。因他父親不宜在卿位，轉為光祿大夫，俸祿二千萬。弟弟董定信代他為駙馬都尉。董家親屬皆是侍中各衙門的奉朝請（漢代對沒有固定職位的大臣、外戚、將軍、公卿、列侯，多給予奉朝請的名義，參加朝會），恩寵超過丁、傅兩家。

第二年，匈奴單于來訪，在宴會上與大臣會見。單于看董賢非常年輕，大感奇怪，問中方翻譯。皇上要翻譯傳話：「大司馬確是年輕。因為能幹，得居高位。」單于聽了，不覺肅然起敬，趕緊起身相拜，祝賀大漢得了一位賢臣。其實，董賢並不賢，只有哀帝以其為賢罷了。

這之前，丞相孔光為御史大夫。當時董賢的父親董恭為御史，侍候孔光。到董賢當了大司馬，與孔光同列三公，皇上故意讓董賢私訪孔光家，藉以試探孔光的意向。孔光為人一向謙恭謹慎，心知皇上寵愛董賢，聽說董賢要來，早就做好準備，衣冠楚楚，出門迎候。望見董賢所乘的車來了，便必恭必敬，一步步退著走回。董賢到了中門，孔光已進入大門旁的小門。董賢下車後，方出門拜見，點頭哈腰，甚是恭謹，不敢以賓客同等之禮相待。戲演完了，董賢打道回府，向皇上報告。皇上大喜，立刻拜孔光的兩個侄兒為諫議大夫常侍。

這時，成帝的外戚王家衰敗，只有平阿侯王譚的兒子王去疾，哀帝為太子時即得寵。哀帝即位，任他為侍中騎都尉。皇上因王家沒有在位的，便因過去的老關係，親近王去疾，又晉升王去疾的弟弟王閎為中常侍。王閎之妻的父親蕭咸是前將軍蕭望之的兒子，長期為郡守，因病免官，此時亦升為中郎將。

董賢的父親董恭想和蕭家結為親家。王閎替董賢的弟弟駙馬都尉董寬信求蕭咸的女兒做媳婦。蕭誠惶誠恐，誓不敢當，私下對王閎說：「董公為大司馬，皇上冊命說『允執其中（誠然能掌握住中庸之道）』，這是唐堯禪讓虞舜的話，不是三公舊例，有閱歷的人見了，無不心懷恐懼。這哪是我們蕭家子孫所能承受得了！」王閎是個有知識、謀略的人，聽蕭咸一說，心裡馬上開了竅。於是回去向董恭報告，轉達蕭咸不敢高攀之意。董恭歎道：「我家何負於天下，讓人畏之如虎！」內心很不痛快。

後來有一天，皇上在麒麟殿擺酒，董賢父子及其親屬應邀赴宴，王閎兄弟都是座上客，在旁陪侍。皇上酒勁上來了，瞇縫著眼看著董賢，笑著說：「我欲效法堯禪讓舜（傳位給董賢），如何？」王閎打破頭楔說：「天下是高皇帝（指劉邦）打下的天下，不歸陛下所私有。陛下繼承祖宗的事業，應傳給劉姓子孫，以至於無窮。繼承權至關重大，天子無戲言！」皇上聽了，嘴上不說，心裡很不是滋味。在場的人都嚇得要命。結果，王閎被趕出門，今後不許筵席陪坐。

董賢的宅第建成，富麗堂皇，賢固無比。可是，外邊大門竟無故自壞。董賢犯覺得這不是個好兆頭。沒過幾個月，哀帝駕崩。靠山沒了，對董賢來說，真如天塌地陷一樣。太皇太后讓他辦理哀帝喪事，他也打不起精神，像霜打茄子似的。這時，新都侯王莽彈劾他，禁止他出入宮殿司馬衙門。董賢不知如何是好，光頭光腳，到宮闕謝罪。太后下詔沒收他大司馬的印綬，攆回家去，永不錄用。當天，董賢與妻子自殺。董家害怕張揚出去，夜間草草埋葬了事。

王莽懷疑董賢裝死，派人掘墳查驗。又讓大司徒孔光上奏，歷數董賢的罪狀，沒收董家的財產充公。藉董賢裙帶關係當官的一律罷免。其父董恭、弟弟董寬信與家屬遷到合浦，母親回自己的老家鉅鹿。

長安城中的百姓見董賢如此下場，都拍掌大樂，表面上到董賢的宅第去哭，實際上是藉機搶東西。縣官拍賣董家的財產，得四十三萬萬錢。

8 女人也能當大樹

中國女人名副其實稱皇帝的，只有武則天一人。她不僅權勢慾極強，色淫之心也不讓男人。在她的私生活空間裡，雲集了一大批眉清目秀、壯實如牛的面首。

武則天在李治死後，性生活更加放蕩。和尚薛懷義與她是老姘頭，得封鄂國公。此人驕橫無比，在廟中，每月開一次大會，召集善男信女，見有姿色的婦人，就留住禪房，任情取樂。百姓都畏懼他的權勢，就是妻女被淫，也只好忍天吞聲。

薛懷義在廟中取樂，不思進宮，武氏傳召，時常托辭不去，十次中不過應酬三、四次。武則天情慾難熬，另取了一個主顯，便是御醫沈南璆。沈南璆房術不讓懷義，武則天也感歡慰。薛懷義心中不滿，罵武則天負情忘義。此話傳入武則天耳中，武則天大怒，把他引入宮中殺了。

後來太平公主又引入一少年陪伴武氏。這人姓張名昌宗，係故太子少傅張行族孫。張昌宗有兄易之，曾襲蔭居官，累遷尚乘奉御。兄弟皆手姿秀美，通曉音律。

張昌宗年僅及冠，更生得眉目清揚，身材俊雅。太平公主先為說項，引得武氏動情，然後召入，衣以輕絹，傅以朱粉，浴蘭湯，含雞舌，送入武氏宮中。武氏瞧入眼中，早已十分中意，一經侍寢，說不盡的旖旎，描不完的纏綿。

武氏生平，從未經過這般酣暢，此番天緣相湊，幸得這妙人兒，遂不禁百體皆酥，五中俱快，綢繆竟夕，尚覺歡娛夜短，戀戀情深。張昌宗暗想：這個老淫嫗，真是天下尤物，居然能通宵達旦，極樂不疲。因恐自己招架不住，遂把乃兄張易之極力推薦上去。「臣兄才力過臣，且善練藥石。陛下若召來一試，便覺臣言非虛。」

武氏允諾，次日即召幸張易之，果然枕席功夫比乃弟尤為進步，不過柔情媚骨，似覺稍遜一籌。武氏各取張氏兄弟之所長，徹夜交歡，越宿起床視朝，即封張昌宗為雲麾將軍，張易之為司衛少卿，賜甲第、奴婢、橐駝、牛馬等物，外加美錦五百匹。由是二張輪流進御，大得武氏歡心，寵遇無比。晉授張昌宗為銀青光祿大夫，追贈二張之父希爽為襄州刺史，母韋氏、臧氏，並封太夫人。

臧氏係張昌宗生母，年逾四十，姿色未衰，平時嘗有外遇。尚書李秀與她有私，武氏竟許為情夫，特准他們來往。

張氏兄弟不怕人戳脊梁骨，侍侯一老嫗，而不覺噁心，單靠床上工夫，得以光宗耀祖，其父被封，還為母親大人找了一個情人，比考個狀元還美，真是又「忠」又「孝」，世上難尋。

9 有權就是爹

小人沒什麼道德信義可言。在他們看來，「有奶便是娘，有權就是爹。」只是在投靠的同時，他們會暗中搜尋投靠對象的弱項和隱憂，作為箝制、要脅、反叛、出賣的資本。一旦靠山失去利用價值，他們會立刻異常冷靜地「另攀高枝」。

北宋末年，「六賊」之一的王黼便是一位賣身投靠，投機取巧的能手。

王黼原名甫，因與東漢的一個宦官同名，宋徽宗改賜其名。造物主對王黼頗為慷慨，使他生成了一副漂亮的臉蛋，英俊魁梧，還給了他「多智善佞」的聰明頭腦和能說會道的口才。他的命運也頗佳，雖然不學無術，卻在崇寧時進士及第。中了進士之後，任相州司理參軍，與何志共同領局編修《九域圖志》。

司理參軍這個官並不大，野心勃勃的王黼不甘心就此沈於下僚，無時不在做著升官夢。但他知道，靠學術而出人頭地，就他而言，完全不可能。對於武略，他更是一竅不通，而且軍戎之道又充滿危險，他也無心靠此道去獵取高官厚祿。那麼，就只有透過歪門邪道去投機鑽營了。這正是他的強項。因而，剛一涉足官場，他便密切注視著時局的變化，窺伺著鑽營的良機，尋找著得力的靠山。至於編修《九域圖志》，他只不過是敷衍塞責罷了。

何志的父親何執中為朝廷重臣，雖碌碌平庸，但地位高，實際權力和影響不小。王黼認為何志可以利用，便千方百計巴結、逢迎，終於使何志向其父推薦了他。何執中一見王黼，即為其漂亮的儀表和便捷的口辯所吸引，極力向皇上推薦，使王黼很快升為校書郎、符寶郎、左司諫。

王黼略施小計，便旗開得勝，連晉官職，不禁為自己的聰明才智暗自得意。但這只不過是他向上爬的第一步。利用過何執中之後，他隨即轉移了目光，開始尋求更大的新靠山。經過仔細觀察和認真思考，最後，他將搜索的目光停留在蔡京身上。

蔡京此時雖被貶官，王黼卻看出，現居相位的張商英不為徽宗所喜。後來又聽說徽宗曾於錢塘召見蔡京，並遣使賜其玉環，於是，他準確地嗅到徽宗再度起用蔡京的意向。王黼決定開始新的政治投機。首先，他上書奏事，無恥地為早已臭名昭著的蔡京歌功頌德；接著又以一副「義正辭嚴」的架勢，對張商英進行彈劾。

此舉投合了徽宗的心意，張商英隨即被免去相職。蔡京復相後，非常感謝王黼彈張助己之功，因此對王黼大加提拔，接連授王黼左諫議大夫、給事中、御史中丞等職。只用兩年時間，王黼便從校書郎這樣的小吏驟升到御史中丞這樣的高位。他的第二次投機又大獲成功。投機，給他帶來了莫大的利益，他更加如癡如狂地迷戀此道。

為了進一步加深蔡京對他的好感，王黼又想出一個新主意，即謀罷何執中的官位，而使蔡京專執國政。為此，他不惜恩將仇報，上疏彈劾何執中，竟將何的「罪狀」羅列達20條之多。此人品格之卑劣，實到了無以復加的程度！而在此過程中，何執中還蒙在鼓裡，直至他獲悉真相，才氣憤地大罵王黼「不是東西！」

時鄭居中頗有權勢，王黼看到他未來潛力很大，於是又去巴結。不過，他這次投機未得計。蔡京因與鄭居中不合，看到王黼去巴結鄭居中，不禁發怒，遂將王黼貶為戶部尚書。

宦官梁師成、童貫深得徽宗寵幸，權傾朝野，王黼竭力巴結之。尤其是對號稱「隱相」的梁師成，王黼更是奴顏婢膝，以父禮事之，稱之為「恩府先生」。對王黼而言，權勢就是他的父母，他只認權勢，不知其它。為了權勢，他什麼下賤的事都幹得出來。這也是歷史上一切佞幸的共同特點。他們正是依賴這一常人所不具備的特殊素質，得以飛黃騰達。

王黼為獲得高官厚祿，不斷尋找政治靠山，絞盡腦汁去巴結各種權奸。但他深知，他的最大和最後靠山是皇帝——宋徽宗本人。為此，在向徽宗諂媚邀寵方面，他更加使出渾身解數。憑著「多智善佞」的天才，他逐漸獲得徽宗的寵信，因而此後更是青雲直上。宣和元年，拜特進、少宰，連超八階，官至副相，成為「宋朝命相未有前比也」的特例。

「善佞」給了王黼如此豐厚的報償，此後，他益發堅信此道，變著法兒向皇帝獻媚。為了讓徽宗玩得盡興，他極力迎合並設法滿足徽宗荒淫靡爛的生活，對百姓極盡搜刮敲榨之能事。為此，他還建議成立供皇帝享樂所需的專門機構──應奉司，自兼提領，以梁師成為副。北宋官僚機構效率頗為低下，這應奉司倒是效率頗高，剛一成立，便發揮了巨大的作用。一時間，全國大小官吏莫不競相將本地最好最貴的珍品、最美最亮的女子上交應奉司，再轉呈皇帝老兒，供其享用。而此時正值四海困窮，民不聊生之際，王黼只顧取寵徽宗，根本不顧百姓死活。

為了博得皇帝老兒的歡心，王黼個人在徽宗面前更是媚態百出，不成體統，全然忘記了自己的大臣身分。

侍宴時，為了給徽宗助興，他常常「短衫窄袴，塗抹青紅，雜倡優侏儒，多道市井淫媟式浪語。」有時在進行耍集市的遊戲時，由王黼扮演市令，徽宗故意責罰他，用鞭子抽打取樂。王黼連連哀求：「求求堯舜賢君，您就饒了我這一回吧！」君臣玩得十分盡興，旁觀者則啼笑皆非。

10 有奶便是娘

五代時期，人命賤如草，殺人如兒戲，平民死無定期，官吏朝不保夕；軍閥混戰，外族入侵，朝代君主之更迭，令人目不暇接。就在這一時期，卻出了一個歷仕三個朝代，事奉過八個皇帝的官兒——張全義。

張全義生於唐朝末年，濮州人，原名張居言，出身十分貧苦，祖祖輩輩都是農民。長大以後，為了生存，他到當地的縣衙當了僕役，曾多次遭到縣令的欺壓和污辱。因此，當王仙芝的起義軍到達濮州一帶，他立刻加入。王仙芝失敗後，他又加入黃巢起義的大軍。

在軍中，張全義作戰勇敢，又精明能幹，迅速得到提升。巢軍攻占長安，他被任命為大齊農民政權的吏部尚書兼水運使。

在當時，吏部尚書主管政府的官吏考核與任免，權力大，職位也十分重要；水運使則擔負著為長安百萬軍隊從水陸籌集糧餉的重任。從這兩個職務可以看出，張全義在黃巢軍中所占的位置必定十分重要。

不久，黃巢大起義在唐軍和唐朝借助的外族軍隊聯合鎮壓下失敗，張全義也像許多農民起義軍的將領一樣，降附朝廷。

當時，張全義見洛陽節度使諸葛爽較有勢力，就投靠了他。諸葛爽屢次派他剿殺農民軍殘部並襲擊其他軍閥，張全義都很賣力，立了許多戰功。在諸葛爽保舉下，張全義被任命為唐朝的澤州（今山西高平縣）刺史。

不久，諸葛爽病死，其部下李罕之與劉經相互仇殺，都想占領洛陽。當時，張全義是劉經的部下，劉經認為他既可靠，又富有作戰經驗，就派他去抵抗兇悍的李罕之。張全義帶著劉經給他的兵馬來到前線，發現李罕之的勢力太大了，而且戰鬥力很強，不僅自己，就是劉經親來，也無法抵敵。在分析了當時的具體情況後，他就投靠了李罕之，反過來與劉經為敵。

劉經見張全義背叛了自己，只得向諸葛爽的兒子諸葛仲方求援。在諸葛仲方支援下，劉經打敗了李罕之。李罕之也不甘示弱，向鎮壓農民起義軍起家的大軍閥李克用求救，得到李克用的幫助，又反敗為勝，占領了許多地方。其後，張全義經李罕之保薦，任河南尹。

這河南尹的官雖比澤州刺史的官權大了些，卻很不好當。李罕之是個只懂得殺人剽掠、征戰殺伐的軍閥，根本不懂得安頓流民，組織生產，因此，總是接二連三向張全義催逼軍需物品。當時民生凋敝，餓殍遍地，軍糧極難籌集，儘管張全義努力供應，還是無法滿足李罕之的要求。再加李罕之性格暴躁，稍不如意，就對送糧官大張撻伐，弄得無人敢去送糧。

在這種情況下，張全義的許多部下都勸他脫離李罕之或是乾脆反叛。可張全義總是好言勸慰，不露聲色。

張全義也知道，長此以往，自己必然會與李罕之鬧翻，必須早作打算。為此，他表面上順從李罕之，在軍需方面儘量滿足其要求，使李罕之不起疑心；另一方面，他又積極準備，窺伺時機。

唐僖宗文德元年（八八八年），李罕之再啟戰端，率兵攻打晉、絳二州。張全義見時機來臨，就帶領本部兵馬，不費吹灰之力，占領了李罕之的洛陽，自封為洛陽節度使。李罕之聞訊大怒，立刻向李克用求援。李克用也馬上派兵相助。

在未占領洛陽之前，張全義就已做好準備，同軍閥朱溫聯繫，求他幫助，朱溫也正想擴展勢力，欣然接納，派兵幫他守住洛陽。當李克用的軍隊來到時，朱溫的援軍已嚴陣以待，李克用的軍隊只好撤走。朱溫幫了張全義的大忙，從此，張全義就投到朱溫麾下。

朱溫對這個投靠過來的張全義並不放心，不敢給他兵權，深怕他什麼時候也反過來咬自己一口。於是，給了他一個沒有實際兵權的檢校司空軍銜，讓他仍做河南尹，去河南一帶組織生產。

張全義到了洛陽，看到的是一片荒涼的殘敗景色。

洛陽雖是名都，但自安史之亂以來，屢遭破壞，在晚唐的軍閥混戰中，更是倍受其害。張全義在洛陽只找到一百多戶人家，四、五百口人。這個歷史上的軍事、商業、文化重鎮已殘破到這種程度！

張全義並不灰心。他出身於農民之家，有一股吃苦耐勞的精神。他帶了一百多個部下，每三兩個人拿著榜文和旗子，組成一小組，到洛陽所屬的十幾個縣去招撫安頓流民，並制定具體措施：一是暫不收稅，二是減輕刑罰。這樣，在他的努力之下，數年後，每個縣都安頓了數千戶流民。

在人口已經有了一定保障之後，張全義就趁農閒組織強壯男子練武，逐漸建立起一支兩萬多人的軍隊。

治理洛陽，張全義親自參加勞動，十分關心農業生產，以及當地農民的生活。他經常出外巡視，見種得好的田地，就獎賞主人；見了耕種不好的田地，就責備主人。

有一次，他獲悉某塊田地荒蕪是因為田主缺少耕牛和勞力，就倡導大家互相幫助。當時，洛陽一帶流傳著這樣的話：「張全義見了歌女舞妓，也難得笑臉，見了好的莊稼，就會眉開眼笑。」

這段時期，朱溫的勢力越來越大，最後終於發展到代唐自立。朱溫用武力把唐昭宗挾持到洛陽，做好充分的準備，意欲廢掉唐朝，建立朱氏政權。但洛陽地區是張全義的勢力範圍，他在這一帶威信很高，朱溫生怕他反對自己篡唐自立，就事先撤掉他的河南尹職務，封他為東平王，給他一個中書令的虛銜。

張全義已是官場老手，他深知，朱溫很不放心他，這時候，唯一的辦法是在朱溫自立為帝時替他出力，以表明自己的忠心。於是，他全力替朱溫出謀劃策，把河南一帶的財力都交給朱溫，讓他自由調度。這麼一來，朱溫遂不再疑他。再加上他一再上表辭謝，說自己不配封王，無力擔任中書令的職務，弄得朱溫都有些感動了。

朱溫稱帝之後，對張全義加官進爵，封他為魏王，讓他重任河南尹。

11 籌安會六君子以罵名當話題

袁世凱實行帝制之前，想瞭解一下社會輿論如何看待此事便令內史監阮忠樞將每日各地的報紙呈覽。

為討好袁世凱，阮忠樞特意挑選了京津滬幾家御用報紙呈給他看。袁世凱看後問道：「為什麼這幾份報紙都是一個聲調地擁護我行帝制？上海那兩家著名的報紙為什麼不呈上來？」

阮忠樞躬腰回答：「因為您欲行帝制，深得民心，所以這幾家報紙都擁護您。至於上海那兩家，它們反對您稱帝，所以，我已下令將它們封禁！另有幾家，也因經費困難，一律停刊了。」

袁世凱聽罷，摸了摸鬍子，狂笑道：「忠樞，你這人也太小肚雞腸了！宰相肚裡能撐船嘛！看來，這宰相之職，你是沒有份了！」

袁世凱老臉厚皮，他的御用文人，為他行帝制張聲勢、造輿論的所謂籌安會「六君子」，與之相比，也不遑多讓。

籌安會六君子，即楊度、孫毓筠、嚴復、劉師培、李燮和、胡瑛六人。一天，「六君子」聚餐，酒至酣處，胡瑛搖頭晃腦地說：「外界都罵我們六人是『走狗』，我們究竟是不是走狗呢？」

楊度回道：「我們倡助帝制，是為了救國救民，捫心自問，並不感到這是過失，對別人的『起鬨』，只好置若罔聞。以『走狗』二字形容我們，我是狗也不狗，走也不走的。」

孫毓筠卻說：「我啊，是死心塌地地捍衛帝制！我是狗也要狗，走也要走的。」嚴復是學界名流。袁世凱欲行帝制，非常需要名流做開路先鋒，曾運動梁啟超，但未果，便找嚴復遞補。楊度奉袁氏之命，與嚴復聯繫。嚴復雖對此事不甚感興趣，但當楊度把他列為籌安會發起人時，他也未加否認。這時，聞楊、孫二人之自解，嚴復接過話來說：「我折衷一下你們兩人的說法，我是狗也不狗，走也要走。」

胡瑛自己也有一解：「既然這樣說，那我應當是狗也要狗，走也不走。」

籌安會六君子居然把市井對他們的罵名當成話題，進行論辯，似乎毫不以為恥，反以為榮。

第二天，「四狗」論辯言志之事傳遍京津。天津《廣智報》特繪《走狗圖》一幅諷之：四狗東西南北排列，如狗也不狗，走也不走，則人首犬身，立而不動；如狗也要狗，走也要走，則傲犬昂首，四足奔騰；如狗也不狗，走也要走，則人首犬身，怒如駿馬；如狗也要狗，走也不走，則一犬長顧，四足柱立。畫的正中，坐著袁世凱。《走狗圖》中各走狗別具情態，栩栩如生，對四走狗諷刺得入木三分。從此，詞林掌故又獲一名典，曰：「走狗言志」。走狗們不管他人冷嘲熱諷，協同主子袁世凱，終將帝制又重新搬上中國歷史舞臺。

一九一六年元旦，袁世凱改元「洪憲」，正式登基。隨即下令，凡是與外國交涉的文件，概用「洪憲元年某月某日」字樣。

然而，袁世凱帝制自為，引起全國上下一致反對。列強鑑於中國人民反帝制運動的不斷高漲，便向袁世凱提出警告，要他「暫緩改變國體」，駐北京的各國公使也拒絕接受署上「洪憲」年號的外交文書。

袁世凱無可奈何，只得下令，對外稱「中華民國」，仍用中華民國紀年；對內則強令用「洪憲」紀年，稱帝國。由此，當時的中國出現了民國與帝國，總統與皇帝同時並存的局面。

面對此況，袁世凱一位謀士進言道：「對內對外不歸一律，恐有失國體之尊嚴。」

袁世凱有恃無恐地回答：「不管它！橫豎外交上之文件，老百姓瞧不見，就這樣糊裡糊塗混過去算了！反正我做的是中國皇帝而不是外國君主，外國人不承認也不要緊。」

世上哪有不透風的牆。某日，政事堂製發兩種文件，一件送給外交部，一件送給內務部，而國號和紀年截然不一。

此事被一好事者探知，遂撰對聯一副，予以諷刺，內容為：

兩封書真夠奇，一邊標民國，一邊標洪憲；

四個字我要問，問到底是總統，到底是皇帝。

12 唐朝權臣的保爵之術

武則天稱帝時期的宰相蘇味道是個生前、死後名氣都很大的人物。他的名氣，首先是因其才華，「代以文章相稱。」未入仕之前，他就與同鄉李嶠「俱以文辭知名，時人謂之蘇、李」。剛一成年，就被舉為進士。蘇味道善吟詩作文，「援筆而成，辭理精密，盛傳於代。」後人稱其為唐代文學的「一代之雄」。

然而，蘇味道最終並不是以一個文學家的身分知名於後世。在我國歷史上，他是庸人政治家的典型。

他雖然「文章資歷」十分深厚，又「善敷奏，多識臺閣故事」，政務熟習，但檢諸史籍，絲毫看不到他這個堂堂宰相為安邦治國貢獻出什麼策略，也看不見他在理財治生方面有什麼才能。可以看到的，多是他戰戰兢兢侍奉君主，卑躬屈膝諂媚權貴的事實。例如，當時橫行一時的張易之、張昌宗兩兄弟為了附庸風雅，曾經廣招文學之士，他竟「以文才降節事之」。大概是他很能討張氏兄弟的歡心，所以曾被張氏兄弟畫入「高士圖」中，與武三思等人為伍。

《舊唐書．蘇味道傳》說他「前後居相位數載，竟不能有所發明，但脂韋其間，苟度取容而已。」

當時另一宰相狄仁傑非常鄙視他，蔑稱他為不足以「成天下之務」的「文吏」。那麼，蘇味道是否真的沒有一點與宰相之位相稱的行政能力呢？非也。他之所以久居相位而無所作為，非不能也，是不為也。其中原因，蘇味道本人曾做了一段絕妙的解釋：「處事不欲決斷明白。若有錯誤，必貽咎譴。但模稜以持兩端可矣。」這話再清楚不過地表明，蘇味道是心甘情願、自覺主動地去當一個沒有個性、沒有原則、沒有責任心，人云亦云，隨波逐流，在其位不謀其政的糊塗官。因此，他給自己掙來了「蘇摸稜」、「模稜手」的不雅之號，也因而生前為人所譏，死後也不斷受到後人的唾棄和鞭撻。不過，有失必有得，他之所以能夠無所作為而久居相位，也正是靠了這本「模稜兩可」的混世經。

蕭至忠（？—七一三年）出身於「九世卿族」之家，是個「內無守，觀時輕重而去就之」的投機老手、無賴小人。武則天時期，他見武三思權勢過人，便一頭拜倒在武三思門下，由一個小小的吏部員外郎，驟升為御史中丞。他「恃武三思勢，掌選無所忌憚，請退杜絕，威風大行。」從此，他漸漸有了一些名氣，「見推為名臣。」

誰知，武三思突然被中宗太子李重俊所殺，蕭至忠一下子成了喪家之犬，不得不重新尋找靠山。他利用自己與武三思的深交舊情，極力向韋皇后討好，並挖空心思，終於想出了一條與韋后結成「冥婚」之親的妙計。

所謂「冥婚」，即是將已經死去的未婚男女同穴合葬，使其在陰間結為夫妻，又稱「鬼婚」、「幽婚」。這是一種起源甚古的陋俗，在唐代曾經盛行一時。

韋后的弟弟韋洵死時未娶，而蕭至忠恰好有一個女兒未嫁而終。於是他便去和韋后商量，要把他的女兒許配給韋洵為妻。韋后滿心歡喜，一口答應下來。到了某一吉日良辰，蕭至忠便將亡女的棺柩從老墳中起出，吹吹打打，送入韋洵的墓穴，完成了「冥婚合葬」之禮。

死人雖然無知，活人卻大獲收益，蕭至忠靠著這層冥婚之親，迅速密切了與韋后的關係，很快就官至宰相。這個無恥之徒用女兒的清白之骨，為自己換回了權勢、榮耀，真可謂機關算盡，升官有術。

但時隔不久，李隆基發動政變，殺死了專權的韋后，並追究其黨羽。蕭至忠惟恐自己受到牽連，急急忙忙重新掘開韋洵的墓穴，將女兒的棺柩起出，還葬家墳，以此表示自己與韋氏恩斷義絕，再無瓜葛。

他的這種見風使舵的無恥行徑，立刻遭到時人的廣泛指責。只可憐他那死去的女兒，因為有了這麼一位寡廉鮮恥的父親而屢被驚擾，以致芳魂不安於九泉。

ch.5

請鬼拿藥單，藥到命除

毀樹容易植樹難。俗話說：「不怕沒人幫，就怕有人害。」小人幫不了你，反倒能壞你的事。小人從來不靠幫某一個人，讓他感恩戴德，而是以「我可以不害你」作為要挾的條件，讓你服服帖帖。這就是小人嚇唬人的智慧。

1 胡太后偷情心虛，陸令萱藉機控制

要把某人的弱點活用時，千萬不能在眾人面前公開他那個弱點。只需以能夠使他明白的方式閃爍其詞，引而不發，就能把他掌握得死死的。在這種情況下，他哪敢撕破臉？每次吵架，他當然會被逼得豎起白旗。

小人從來不靠幫某個人，讓他感恩戴德，而是以「我可以不害你」作為要挾的條件，讓他服服帖帖。他們會千方百計尋找周遭有關之人的要害，伺機害人。

北齊末年，齊主高緯昏庸荒淫，奸臣弄權禍國。然而，這些奸臣都拜伏在一代女奸陸令萱裙下，唯其命是從。

陸令萱，鮮卑族人。早年因丈夫反叛朝廷，與兒子一起沒為宮奴。

北齊文宣帝高洋天保七年（五六六年）五月五日，長廣王高湛之妻胡妃生子，取名緯。高湛與胡妃對此小兒視為掌上明珠，寵愛異常，特命宮婢陸令萱為乳母。

陸令萱為人內奸外柔，精細機智，辦事幹練，說話非常得體。多年的宮奴生活，更使她學會了一套巧於上下應付、左右逢源的本領，最善於領會主人的意圖，討取主人的歡心。此時，她雖然已40多歲，卻仍然長得體態豐潤，面容姣好，加之又識文懂禮，小心謹慎，更有過養子育兒的經驗，因而格外受到長廣王和胡妃的器重，讓高緯稱其為「乾媽」。奴才負重，受寵若驚。陸令萱護養小王子，十分盡心，傾注全身心的母愛。小王子高緯也與她特別親近，從咿呀學語起，就稱她「姊姊」，即鮮卑語「媽媽」，以後也一直這樣稱呼她。

後來，長廣王高湛得繼帝位，改元大寧，是為武成帝。6歲的小王子高緯因為父親當了皇帝，順理成章，成了皇太子，胡妃晉封為皇后。奴隨主貴，陸令萱知道自己的命運也將隨著發生變化，因而對皇太子更加體貼。同時，對胡皇后百般獻媚。

武成帝河清四年（五六五年）四月，太史奏陳上天有變，示警，國家當易主。為了消除凶兆，武成帝將帝位讓給太子，以太上皇的身分總理軍國大政。由此，9歲的皇太子高緯繼位，改元天統，是為後主。

天統四年（五六八年）十二月，太上皇高湛病死，後主高緯臨政。13歲的娃娃哪曉得什麼國家大事？朝政完全操縱在他的母親胡太后和尚書左僕射和士開手中。

陸令萱也今非昔比。由於後主是她一手撫養長大，因而感情上對她的依戀甚至超過親母胡太后，對她的話，幾乎言聽計從。隨著後主的主政，她的權勢愈來愈大。她擔任女侍中，是宮中一切事務的總管，就連胡太后也在她的監視之下。

人的權勢欲望是無止境的，一旦嘗到了它的顯赫，便一發不可收拾。特別是奴才，更能切身體會到權勢的重要，往往會比主子更加嗜權如命，貪婪追求。陸令萱決定投入權勢角逐的漩渦，她的競爭對手就是執掌六宮，操縱小皇帝的胡太后。她要取代胡太后，把小皇帝控制在自己手中。

胡太后生活放蕩，與宮外各種男人苟且偷情早有時日。陸令萱極為奸狡，對胡太后的隱情祕而不宣，並不輕意舉發。她在等待時機，尋個最關鍵的時刻再抖露出來。為此，她佯裝不知，對胡太后繼續邀寵，以不斷擴大自己的權力。而胡太后偷情心虛，對陸令萱恩寵備至，甚至諸事還要讓她幾分。

陸令萱的第一步是插手后、妃的廢立。

此時，小皇帝春情萌動，愛上了皇后的侍婢穆黃花。穆黃花的母親輕霄原是穆子倫家的婢女，以後轉到侍中宋欽道家，與宋欽道通姦而生黃花。穆黃花生得輕盈妖豔，面目秀媚，與皇后比較起來，更顯得格外俊美。小皇帝初識風月，特賜她「舍利」之名，意指她像佛牙一樣珍貴。宮內眾人稱她「舍利太監」。

陸令萱見侍女穆黃花得寵，覺得可以利用她去影響皇帝，便將她收為養女。

胡太后為籠絡小皇帝，加深母子的感情，也為了擴大自己家族的權勢，便將自己的親侄女——哥哥隴東王胡長仁的女兒引入宮中。胡女天生麗質，華服盛裝，加之貴族家庭的教養，嫵媚典雅，別有一番風韻。小皇帝本是個多情種子，對這位表妹一見鍾情，就選納入宮，立為弘德夫人，進為左昭儀，大加寵愛。

胡昭儀得寵，對陸令萱母女是一個重大的打擊。陸令萱不甘示弱，也向皇帝要求，封舍利為弘德夫人。皇帝准奏。於是二妃同寵，位比三公。

後主武平元年（五七〇年）六月，穆夫人生下皇子值，身價立刻大增，打破了二妃平衡的局面，陸令萱更是喜不自勝。當時，後主沒有儲嗣，陸令萱便想方設法，要他立高恒為太子。太子為她所立，日後即位為君，她的權位不就更穩固了嗎？但她知道，這事必然引起皇后的忌恨。皇后此時不到20歲，正在育齡，如今若立妃子之子為儲，於理不合，皇后也一定不會同意，特別是皇后之父又位居丞相，軍國大權在握。得罪了皇后父女，陸令萱必然難以在宮中立足。

為此，陸令萱想出一個既能取寵於皇后，又能使高恒立為太子的兩全之策。皇后這時正受冷落，陸令萱裝作關心，親熱地對她說：「您何不將恒兒收為己子。您身為太子之母，又為當朝皇后，這樣，還有誰能動您的地位？」年輕的皇后怎能窺破陸令萱老奸巨猾的九曲心腸？幾句甜言蜜語，就說得她心動，上了圈套。於是，剛剛生下不久的高恒被立為太子。

穆夫人的兒子成了太子，對陸令萱的感激之情無以言狀，兩人親密勝過親母女。

陸令萱又奏請後主賜她自己改為穆姓，將兒子駱提婆改為穆提婆，與穆夫人以兄妹相稱。陸令萱就這樣由皇帝的乾娘，一躍變成了國戚。

武平二年十月，胡太后私通的醜事暴露。

高湛生前極為好色，嬪妃成群，麗姬如雲，稍有姿色者，無不親幸。胡后相貌平平，自然被冷落。胡后淫性難耐，只好與那些無用的閹人褻押。後來，佞臣和士開乘虛而入，兩人暗通成姦。武成帝高湛死後，兩人更加放肆，頻敘幽歡，穢聲漸傳於外。對於胡太后的淫亂之行，後主也有所耳聞，但他並不相信。

胡太后在與和士開私通的同時，還與和尚曇獻偷情有年。自武成帝死後，她寂寞無聊，便以拜佛為名，常去寺院拈香。寺廟中法師曇獻長得身材壯偉、相貌英俊。胡太后一見傾心，大加勾引。這和尚也是色中餓鬼，豈有無情之理，兩人遂結「佛緣」。胡太后好不歡快，將無數金錢施捨給寺院做「善事」，甚至把高湛生前御用的寶裝胡床（可折的交椅）也送到曇獻的禪房。又置百僧於內殿，假託是講經，趁機日夜與曇獻鬼混。她還賜曇獻法號「昭玄統」。眾僧徒戲稱曇獻為「太上皇」。

僧侶中還有兩個面目秀嫩的小沙門，也為胡太后所喜愛，輪流召幸。半老徐娘的胡太后獵上這幾個少年郎，其樂融融，竟至朝夕不離。為了避人耳目，她令二人男扮女裝，作女尼打扮，出入宮禁，日夜取樂。

二小僧濃妝艷抹，貌如俊俏的少女。一日，後主朝見太后，看見這兩個美麗的「少尼」秀色可餐，不禁心旌蕩漾，便要行幸。兩小尼死活不肯。後主不悅，令強剝僧衣，不想卻露出兩個與自己相同的玩意來。後主大怒，親加審訊，至此真相大白。後主下令，將曇獻與二小僧處斬，太后幽禁北宮。

胡太后穢事暴露，是否與陸令萱有關，不得而知。但此事在她與胡太后的明爭暗鬥中，確實起了極為重要的作用。從此，胡太后在他兒子的心目中威望一落千丈，這個母子親情的空白理所當然地被陸令萱填補了。

武平三年六月，左丞相斛律光受到誣陷被殺。八月，其女斛律皇后廢為庶人。選擇誰為皇后，胡太后與陸令萱又展開一場鬥爭。按照胡、穆二夫人的地位，胡夫人為昭儀，理應晉升為皇后。但穆夫人之子為太子，是其優勢。胡太后當然意在她的侄女胡昭儀。不過，因她與和尚的醜聞，此時已無能為力。儘管後主後來解除了對她的幽禁，但對她仍無好感。因此，她只好卑辭厚禮，去乞求陸令萱，表示願與之結為姊妹。陸令萱立即爽快地答應，親熱地說：「太后妹妹的朝旨，我當然會盡力去辦。這也正是我的心意呢！」於是，她親自向後主奏請。果然，胡昭儀被封為皇后，穆夫人升為昭儀。

對於陸令萱的善意，胡太后既驚訝，又感動，還以為是她不忘舊日的恩情，卻不知陸令萱另有謀算。就陸令萱的意願，當然想立養女穆夫人為后。但她知道，欲速則不達，過於魯莽，反而會壞事。第一，胡昭儀正深受後主寵幸，不可因此而違逆後主。因為得罪了皇帝，就可能失去一切。第二，胡昭儀的父親胡長仁雖然已死，但她的七個弟弟皆賜王爵，合門貴盛，權勢非凡，不能輕易得罪。第三，胡太后雖然失勢，但她畢竟是後主的親母，只可暗鬥，不可明爭。

陸令萱擁戴胡昭儀為后之舉，取得了皇帝、皇后、皇太后和胡家的好感。胡昭儀當上皇后之後，陸令萱對她很是敬重、親熱。胡對她本存戒心，現在反倒怪自己多慮，就放鬆了警惕。

陸令萱深知後主非常好色，只要想法使皇后失去魅力，後主必然移情別戀。為此，她密使巫人暗行巫蠱之術。不到半個月時間，胡后精神恍惚，言笑失常。後主先是害怕，時間一久，漸生厭惡之情，整日愁眉不展。

一天，陸令萱突然讓穆昭儀穿上皇后的服飾，盛裝打扮，又另外製造一頂華麗的寶帳，帳內精心設置枕席及各類精巧的玩物，讓穆昭儀坐於帳中。之後，她興沖沖地去找後主，說：「陛下，有一仙女從天而降，現在寶帳之中，快去觀看！」

後主來到穆昭儀處一看，果真看到有一仙女端坐寶帳之內，姿容妖豔，光彩照人，身上蘭麝芬芳，沁人心脾，頓時目瞪口呆，大喜過望。及至「仙女」起身參拜，他才認出是穆昭儀。陸令萱在一旁趁機說道，「像這樣的美貌仙女若不配做皇后，還能選什麼樣的人？」正在興頭上的後主立即應允。

武平三年十月，後主立胡后為左皇后，穆昭儀為右皇后。

穆昭儀雖被立為皇后，但還是在胡后之下，不能獨專後主之寵，心中還是不痛快。陸令萱便又想出一個無中生有，借刀殺人的毒計，密謀除掉胡皇后。

武平三年十二月某一天，陸令萱來到胡太后宮中，裝出一付忿忿的樣子，卻欲言又止。胡太后忙問何事。陸令萱連連擺手，故意作態道：「算了吧……說不得！說不得！」太后愈發疑惑，頻頻追問。陸令萱這才說道：「胡皇后也太負心忘恩了，對皇上說太后您行為不端，違背禮法，不足以為天下婦女的表率。這叫什麼侄女啊！」

胡太后聽後果然勃然大怒，立即命人把胡皇后喚來，不容分說，剃去她的頭髮，送還其家。然後要後主把她廢為庶人。

胡太后就這樣輕易落入陸令萱的圈套，自削羽翼，真正成了無人相助的「寡婦」。從此，她失去了恢復權力的任何可能。

武平四年二月，後主立穆昭儀為后。因為穆皇后以陸令萱為母，所以陸令萱號稱「太姬」。在北齊王朝，「太姬」是皇后之母的稱號，視一品，「殺生予奪，唯意所欲。」陸令萱終於竊取了皇宮中的最高權力。

2 曉以利害，說動人心

每個人都有弱點，厚黑處世者總會善加利用。對性格急躁者，他們會用激將法。只要拿他最喜歡或忌諱的東西去誘惑或打擊他，他就必定上鉤無疑。如果對手把柄難尋或沒有漏洞，他們會發揮創造性，製造一個甚至多個把柄，安到他身上。

趙高在說服胡亥和李斯矯詔篡位的過程中，巧妙找到了兩個人最大的弱點，擊中了他們的要害，所以獲得了成功。

胡亥是秦始皇的小兒子，平時始皇非常喜歡他。秦國從趙國掠來的太監趙高十分精明，看到這一情況，就挖空心思，接近胡亥，博得了胡亥的歡心。他給胡亥講解法律條文、各種案例的處理，還教胡亥書法，實際上成了胡亥的老師。始皇見他很有才幹，就提拔他當了中車府令，掌管皇宮中的車馬。始皇出遊，除了帶左丞相李斯幫助處理政事以外，還帶著這個趙高去管理車馬。胡亥見自己的老師要走，也想跟著出去玩玩，就托他去說。始皇覺得讓胡亥見見世面也好，就應允帶他同去。

始皇巡行天下，先到雲夢澤，又到了九嶷山，祭祀了古帝王舜，然後沿長江東下，到達紹興，在會稽山祭祀了治水英雄禹，並刻石紀念，頌揚功德。回咸陽途中，始皇生了重病。他極為怕死，也諱言死。直到走到平原津，自知危在旦夕，才叫趙高寫信，召大兒子扶蘇前來咸陽辦理喪事。信還未及發出，他就去世了。左丞相李斯鑑於當時的情況，怕秦始皇的死訊傳出後天下大亂，就祕不發喪，仍把始皇載在車內，另讓一個太監坐在車中，照常批閱，叫侍者照常給他供應茶水飯食，他與趙高也照常前去請示，就這樣回到咸陽。

趙高覺得掌握大權時機的來臨了。他對胡亥說：「皇上沒有分封諸位公子的遺囑，只是給大公子扶蘇寫了一封信，叫他回到咸陽辦理安葬事宜。扶蘇與大將蒙恬一起帶兵，素有威信，他若回到咸陽，肯定會即位為帝，而您卻沒有一寸封地，那該怎麼辦呢？」說著，他就把秦始皇寫給扶蘇的信拿給胡亥看。

胡亥倒頗有一副書生氣，回道：「父王去世了，沒有分封給我土地，我也無話可說。人言：瞭解臣下者莫若君主，瞭解兒子者莫若父親。父王既然這樣安排，我還能怎麼辦呢？」

趙高說：「統治人與被人統治，截然不同。現在，信和御璽就在我和丞相手上，誰即位為帝，我倆可以操作。您可要好好考慮啊！」

胡亥有些不安地說：「弟弟廢掉哥哥，這是不義；不遵父命而怕死，這是不孝；

無才無德而靠別人擁戴成功，這是無能。犯了不義、不孝、無能這三條，老天恐怕不會饒恕吧？不僅自己會喪命，就是祖宗也會斷祀呢！」他此時還算清醒。

趙高直言勸說：「顧小事而忘大事，必有後患；猶豫不決，也必定後悔；果敢決斷，連鬼神也要躲避。況且古有先例，商湯、周武殺他們各自的君主之時，天下人都說他們仁義，而不說他們不忠，只說他們誅除了一個暴虐的人，而不說他們冒上弒君。衛國的君主殺了自己的父親，連孔子都大加讚揚。可見，幹大事的人，不必顧及小節，有大德行的人，也不計較小的責備之辭。至於你和你哥哥，本沒有誰取代誰的問題。你哥哥尚未登基呀！還是請你快拿定主意吧！」

胡亥還是心存忌憚：「父王的喪事尚未辦理，甚至連消息也還未發，此事暫且擱下吧！」趙高斬釘截鐵地說：「機不可失，時不再來。等你一切都準備好了，恐怕時機就晚了。」胡亥終於被說動了。

當時趙高沒有多少實權，想實施奪權的計畫，必須取得李斯的首肯。於是，他找到李斯，旁敲側擊地說：「現在皇帝死了，印璽都在胡亥手中，先帝寫給扶蘇的信也在我手裡，還沒有發出去。你看，誰即位更好一些？」

李斯勃然變色：「這豈是你該說的話？誰繼位，先帝早有安排。你這樣不守人臣之禮，該當何罪！」

趙高知道李斯把官位看得比生命更重要，想說服他，只有從官位入手。於是他巧舌問道：「丞相想一想，在才能、功績、謀略、有惠於百姓及與扶蘇的關係這五個方面，您哪一方面能高過蒙恬？」

李斯愕然，良久才據實回答：「我哪一樣都趕不上蒙恬！」

趙高說：「既然您知道趕不上蒙恬，扶蘇一旦登基，您的丞相之位還保得住嗎？大公子扶蘇剛毅果斷，威望高，他一旦即位，勢必任蒙恬為丞相。我在宮中幹了二十多年的雜役，所幸還懂點法律。就我所知，秦朝的官吏，凡免官的只有一個結果，那就是被找個碴殺掉。您能逃脫這個結局嗎？」

李斯還是默然。

趙高又說：「我做胡亥的老師已有很多年，從未發現過胡亥有什麼過失。胡亥為人厚道、聰明，又能禮賢下士，全國之中恐怕找不出第二個比他更好的人了，讓胡亥即位，不是很好嗎？」

李斯畢竟是讀書人出身，雖然視官如命，到底天良未喪，怕胡亥即位，會禍亂國家。他說：「我本是上蔡的一個百姓，蒙先皇垂青，得以效勞於秦廷，如今做了侯爵，子孫也都做了大官，先帝把如此重大的責任交付給我，我怎能辜負先帝呢？況且前車可鑑，春秋時期，晉國廢了太子申生而立奚齊為君，結果弄得三代不安，混戰幾達二十年；齊桓公與公子糾爭位，結果公子糾被殺。殷朝的紂王殺了比干，結果落得國破家亡！上述都是親人相殘以至香火斷絕的例子，秦朝怎麼能效法呢？」

趙高鍥而不捨，對李斯進一步曉以利害：「世事變化無常，前朝的例子，到了今天，不一定能完全適用。當今之事，若能上下一心，就可以長久，內外協力，事情就可成功。您如果聽我的話，可世代封侯，傳之久遠，您本人也會像孔子、墨子一樣聲傳後世。如果不按我的意思辦，您必定會禍及子孫。會辦事的人可以因禍得福，不會辦事的人會因福得禍呀！」

李斯本來還有正直之心，但人在官場久了，其官格也就壓倒了讀書人的品格，對切身利益的考慮壓倒了對正義的堅持。他最後只好屈從於趙高的建議，流著淚說：「我生於亂世，既不能以死謝世，我的命運又能交給誰呢？」

於是，趙高偽造詔書，派使者送往扶蘇所在的邊防駐地，責備扶蘇不孝，並賜他寶劍，令其自殺。扶蘇接到詔書後，未加反抗就自殺了。大將蒙恬卻不願自殺，後被逮捕入獄，死於獄中。

3 逼君禪位

皇帝權力無邊，風險也無邊。在封建社會，為人臣者欲奪取皇位，需冒極大危險。故有的權臣雖已具備了奪取皇位的條件，也仍然行事審慎。

東漢末年，孫權曾上書曹操，稱臣勸進。曹操笑道：「仲謀小兒，想把我放到火爐上去烤呀！」曹操其時三分天下已有其二，整個東漢朝廷幾乎都控制在他手中，尚不敢貿然稱帝，可見皇帝的寶座當真是輕易坐得的。

俗話說：「瘦死的駱駝比馬大。」一個人擁有的權力與專制皇權相比，處於絕對劣勢。皇權即使衰弱了，仍然具有不可低估的能量。而且，必有一大批「忠臣義士」會挺身而出，捨命保護。

武則天臨朝稱制，改國號為周，苦心經營，如履薄冰。及終因人心向唐，還是不得不把天下還給李姓。燕王朱棣嶺動「靖難之役」，對建文帝的遺臣以死相逼，猶有方孝孺這類名臣守節不從，寧死也不歸附新主子。

因此，權臣必然要拉幫結派，網羅死黨，形成盤根錯節的朋黨勢力。唯有如此，才有力量向皇權挑戰，才能操縱政局，直至顛覆王朝的統治。正如韓非所說，臣下對抗君主的法寶，便是朋黨。「朋黨相和，臣下得欲，則人主孤。」……「黨與之具，臣之寶也。臣之所以不弒其君者，黨與不具也。」臣下一旦羽翼豐滿，王朝的生存和國君的命運就十分危險了。

三國時期，曹魏大臣司馬氏為奪取政權，煞費苦心，網羅黨羽。為了孤立皇室，司馬氏首先用計廢除宗室大臣曹爽集團。司馬師「陰養死士三千人，散在人間。」待發動政變，對曹爽下手時，三千死士「一朝而集，眾莫知所出也。」為了升「大自己的力量，司馬氏還禮賢下士，籠絡人心，把曹魏政權內部一大批有才幹的謀臣武將全部網羅在身邊，組成一個強有力的司馬氏集團。與此相反，曹魏皇帝卻顯得非常孤立。忠於皇帝的臣子因勢力不敵，被司馬氏一一剪除。這樣，魏帝就完全成了傀儡，被司馬氏玩弄於股掌之中。

曹芳被廢後，新立的皇帝曹髦是個想有所作為而不甘心受制於人的君主。

魏甘露四年（二五九年），曹髦懍於司馬氏世為宰輔，政非己出，擔心受到廢黜之辱，不勝其忿，遂帶著冗從僕射李昭、黃門從官焦伯等幾人，身披鏡甲，手執兵仗，親自去討伐司馬昭。行前，召見侍中王沈、尚書王經、散騎常侍王業，對他們說：「司馬昭之心，路人所知也。吾不能坐受為黜之辱，今日當與卿等自出討之。」

王經諫止：「如今大權在他手裡，四方的人都願為他效死；而陛下宿衛空虛，兵甲寡弱，這樣做太危險了！」

曹髦從懷中拿出黃素寫成的詔書，說：「是可忍也，孰不可忍也！今日行之決矣。正使死，何所懼？況不必死耶？」隨即拔劍升輦，率衛士數百人鼓譟而出。王沈、王業趕在曹髦到來之前，向司馬昭告了密。司馬昭急調護軍賈充做好迎擊的準備。

到了司馬昭的相府，曹髦聲稱欲有所討，敢有動者族誅。相府的兵衛果然不敢進攻。

太子舍人成濟問賈充：「事急矣，怎麼辦？」

賈充叱之曰：「蓄養你們，就是為了今天，還問什麼？司馬家事若敗，你們還能留下種來嗎？」

成濟又問：「是殺了他，還是捉活？」

賈充說：「殺了他！」

於是，成濟抽刀刺向曹髦的胸部，「刃出於背」，曹髦便倒斃在車下了。

司馬昭假惺惺地哭著說：「天下其謂我何！」迅速召集百官前來商量善後事宜。

僕射陳泰說：「只有腰斬賈充，以謝天下！」

司馬昭沒有同意，只拋出成濟作為替罪羊，誅其三族。成濟不服，「袒而升屋，醜言悖慢。」司馬昭令弓箭手把他射死在屋裡。然後高聲說：「高貴鄉公（曹髦）鳴鼓向我進攻，我即下令將士，不得有所傷害，違者以軍法從事。太子舍人成濟拒不受命，橫入兵陣，傷公致死，已按軍法斬了。」隨後又要太后出面，以「此兒無狀，圖為弒殺」為辭，企圖遮蓋天下人的耳目。然後迎來15歲的曹奐進京，立為天子。

曹奐一上臺，第一件做的事就是加封司馬昭，「賜錢千萬，帛萬匹」，並將他的子弟全部封為列侯。

司馬昭一手導演的「殺君立君」的醜劇，就此降下帷幕；他與賈充等策劃已久的「禪讓」計畫，不能不把日程推遲到他的兒子司馬炎當政的時候。

司馬炎在司馬昭逝世的那一年，即魏甘露十年（二六五年），就逼著曹奐退位，胡說什麼「天祿永終，曆數在晉」，接受了皇帝印綬，貶曹奐為陳留王，所有曹氏諸王一律降為侯。歷史有著驚人的相似之處，當年曹丕逼漢禪位的故事又重演了。

4 兵諫宜慎

建炎三年（一一二九年）春天，宋高宗趙構在金人威逼下，狼狽逃跑。剛剛到達杭州，喘息未定，便發生了苗傅、劉正彥的叛亂，他被迫下臺。後來幾經周折，才得以重登帝座。直到七月，苗傅、劉正彥伏誅，這場歷時四個月之久的叛亂才結束。

苗傅、劉正彥的叛亂是由高宗用人不公所引起。原來，高宗剛到杭州，便提升了駐節平江（今江蘇蘇州）的將領王淵為同僉書樞密院事。這個官職是軍隊最高負責人樞密使的副手，地位相當於副宰相。王淵能力平庸，駐節平江時，專管江上航船。將領劉光世率軍渡江，由於王淵調度不善，竟有幾萬士兵未得渡。劉光世向高宗告發了這件事。王淵卻斬部下將領塞責，引起廣大將士的不滿。而高宗不察，反將他升任要職。這一措施，在朝野中引起更大的波動。

苗傅出身將門，屢立戰功，多年不得升遷，見王淵驟然受寵，內心忿忿不平。刺史劉正彥，曾經招撫巨盜丁進，但賞賜很薄，亦心懷怨恨。二人同病相憐，便互相勾結起來。

當時宦官康履、藍珪仗恃皇帝寵幸，時常凌辱將領，多數將領對他們恨之入骨。高宗南遷浙江，道經吳江（今江蘇吳江），宦官以射鴨為樂，百姓敢怒而不敢言。及至到了杭州，大隊人馬前往錢塘江觀潮，宦官到處搭蓋帳篷，致使道路阻塞。

苗傅咬牙切齒地痛罵道：「就是你們這些人使得天子顛沛流離，一到此地，就這樣猖狂嗎？」

苗傅的幕僚王世修平常就痛恨宦官，與劉正彥一拍即合，商議除掉宦官。

正在這時，傳來了王淵升遷的消息。苗傅、劉正彥等以為是宦官所薦，愈加惱怒，遂與王世修、王鈞甫、馬柔吉等密謀先斬王淵，然後大殺宦官。王鈞甫、馬柔吉都是河北人，所領之兵號稱「赤心軍」，二人與苗、劉等過從甚密，苗、劉稍加鼓動，便欣然應命。

宰相朱勝非覺察出情況不妙，急忙上奏高宗：「王淵提升太快，議論很多，人心不滿，陛下不能不防。」

高宗也怕激成兵變，忙傳令王淵，先不要到樞密院辦公，想藉此平息眾怒。

其實，苗、劉是想廢掉高宗，另立新君，除王淵只是藉口，絕不肯因此罷休。他們派人告訴王淵：「臨安（今杭州）縣境內有盜匪出沒。」打算把王淵調出後，發兵把他拘捕。

一天，宦官康履手下獻上一卷文書，最後兩行文字是「統制官田押，統制官金押。」康履百思不得其解。手下告訴他：「軍隊中有人想發動兵變，以此為信號，願意相從的就在上面簽名。」康履不敢怠慢，慌忙報知高宗。高宗讓他轉告朱勝非，通知王淵要未雨綢繆，早做準備。

朱勝非問康履：「你知道欲行兵變之人的計謀嗎？」

康履回答：「略知一二。他們打算明早集中在天竺寺。田統制指苗傅，金統制指劉正彥。他們詐言城外有匪徒，好把王淵的部隊引出去，以便在城內動手。」

朱勝非把王淵召來，要他小心行事。王淵馬上派士兵五百人埋伏在天竺寺旁邊。

這天夜裡，城中居民驚恐萬分，閉門不敢外出。苗、劉等知道王淵已有所準備，便隱而未發。

說來湊巧，第二天是神宗的忌辰，百官照例焚香祝悼。高宗命大將劉光世為殿前都指揮使，負責百官入朝祝禱事。苗傅、劉正彥令王世修伏兵城北橋下。王淵從朝中回來，路過此橋，迅即被拉下馬來。劉正彥說他勾結宦官謀反，手起刀落，便結果了他的性命。然後派兵團團圍住康履的住宅，分兵拘捕宦官，凡無鬍鬚的人統統殺死。苗傅張榜在大街上，公布王淵、康履的惡跡，同時與劉正彥擁兵到高宗行官門外。中軍統制官吳湛與苗傅勾結，戎裝披掛，把守宮門。

康履僥倖逃脫重圍，趕去稟報高宗：「有軍士在街上攔截行人，我快馬加鞭，才留得一條性命！」

高宗急召朱勝非商議。朱勝非問道：「吳湛在北門下營，專門觀察特殊情況，現在有報告嗎？」

高宗回道：「沒有。」

正說之間，吳湛派人上奏：「苗傅、劉正彥殺了王淵，領兵前來，聲稱有要事啟奏陛下。」

高宗驚慌非常，不覺離開座位，站起身來。

朱勝非說：「既已殺了王淵，苗傅、劉正彥叛意已明，臣請求前去詰問他們。」

朱勝非剛走到宮門口，正好碰上吳湛。吳湛擺擺手，說：「叛兵已經逼近，宮門不能開。」

朱勝非、張徵等急忙趕到宮城樓上，見苗傅、劉正彥、王世、王鈞甫、馬柔吉等全副戎裝，立在樓下，用竹竿挑著王淵的首級。朱勝非厲聲責問，為何擅殺大臣？苗、劉不予理睬。杭州地方官康允之見事情緊急，請高宗登上城樓撫諭。

中午時分，高宗登上城樓。苗傅等望見黃蓋，不得不三呼萬歲。高宗憑欄問苗傅等為什麼發動兵變？

苗傅厲聲回答：「陛下信任宦官，賞罰不公，士兵有功不賞，結交宦官者無功升遷。黃潛善、汪伯彥如此誤國，不予處罰；王淵通敵不戰，率先渡江逃跑，因為和宦官康履交情深厚，竟升到樞密那樣的高位。臣自陛下即位以來，追隨左右，立功不少，如今只是一個邊遠郡的團練使，未免使人寒心。臣現已將王淵斬首，宦官在宮外的已經全都殺了。希望聖上斬掉康履、藍珪、曾擇三個宦官，以謝三軍。」

高宗說：「黃潛善、汪伯彥等已經降黜，康履、曾擇等也將受到責罰，愛卿與軍士回營去吧！」

苗傅見高宗不肯交出宦官，怒火中燒，橫戈叫道：「今天的事，全是臣下的主意，與三軍無關。如今天下百姓遭難，都是因宦官擅權所致。若陛下不斬康履、曾擇，臣等絕不回營！」

高宗好言撫慰：「卿等忠義，朕已知曉。現在任卿為御營都統制，劉正彥為副統制，軍士無罪，如何？」

苗傅仍不肯退去，揚聲：「我們如果想升官，只要牽兩匹馬送與宦官就夠了，何須來此！」

高宗無計可施，轉身問身邊大臣：「卿等有何退兵之策？」

大臣時希孟馬上回道：「宦官之害，已登峰造極，若不全部除掉，天下禍患恐不能止。」

另一大臣葉宗鐸悄聲說：「陛下何必顧惜一個康履？慰藉三軍要緊。」

高宗不得已，命吳湛將康履交給苗傅。苗傅就在宮城樓下腰斬了康履。

高宗以為一場禍患就此煙消雲散了，又傳令苗傅歸營。誰知苗傅出言不遜：「陛下不應登臨寶座。天無二日，國無二主嘛！將來淵聖皇帝（指欽宗）歸來，又該怎樣安置？」他要求，由隆祐太后（即哲宗孟皇后）一同聽政，並派遣使者與金議和。

不得已，高宗答應了這一要求，當即下了詔書，恭請隆祐太后垂簾聽政。

誰知苗傅、劉正彥卻聞詔不拜，說：「請陛下傳位皇太子。此等事，道君皇帝（指徽宗）已有先例。」

苗傅的部將張逵大聲喊道：「民為重，社稷次之，君為輕。今天的事，請陛下為社稷百姓著想。」

眾臣見狀，無不驚慌失色。時希孟奏道：「現在只有兩條路供陛下選擇。一是率百官死於社稷，二是聽從三軍之言退位。」

高宗說：「朕可以退位，但須稟知太后。」

朱勝非憤然道：「叛軍要挾，便聽命退位，哪有這種道理？」

大臣顏岐建議：「請太后來此曉諭三軍，苗傅等就無話可說了」

於是，高宗一面令顏岐回報太后，一面令吳湛傳諭苗傅等：「已請太后商量退位之事，請三軍稍等片刻。」

那天北風凜冽，高宗所坐之處，門無簾帳，竹椅上又無座墊，冷得瑟瑟發抖。既然已請太后登樓，高宗便立在竹椅之側恭候。百官一再請求歸座。高宗說：「我已不當坐在那裡了。」言未了，淚水流了下來。

一會兒，隆祐太后來了。隆祐太后立在宮城樓前，身後一字兒排著朝中群臣。

苗傅、劉正彥向太后行禮，稟告：「如今生靈塗炭，民不聊生，望太后為天下百姓做主。」

太后說：「道君皇帝信任蔡京、王黼，更改祖宗法度；童貫挑起邊界糾紛，招致金人入侵，才有今天之禍，和當今皇上有何相干？何況皇上聖孝，並無失德之處，不過為黃潛善、汪伯彥所蒙蔽，如今已經處罰了，你等豈能不知！」

苗傅抗言：「臣等已經議定陛下遜位，豈能猶豫？」

太后說：「就依你等所言，暫且一同聽政就是了。」

苗傅堅持必須立皇太子為帝。

太后說：「國家太平之時，此事還不易辦到。何況如今強敵壓境，皇子幼小，禪讓一事絕不能行。實在不得已，可與皇帝共同聽政。」

劉正彥威脅道：「今天大計已定，不可更改，還望太后早賜許可。」

太后搖搖頭，說：「皇子只有三歲，我以婦人之身，簾前抱著三歲小兒，怎能號召天下？敵人得知，豈不更加輕侮我朝？」

苗傅、劉正彥雖說不出更多道理，卻仍然堅持要高宗退位。太后不允。苗傅、劉正彥煽動士兵：「太后如不允吾等所請，我等便解衣受戮。」說著裝出一副要解衣袒背的架勢。

太后高聲喊道：「統制是將門之子，豈能不明道理？今日之事，決難聽從。」

苗傅憤然厲聲道：「三軍將士，從早至此時還沒有進食，事久不決，恐怕發生其它變故！」

這時，顏岐從高宗處走過來，低聲告訴太后：「皇上讓臣奏知，他已決定聽從苗傅之言，乞請太后宣諭眾人。」

太后仍然不允。苗傅等喧嚷不停，氣氛非常緊張，大有一觸即發之勢。

朱勝非哭道：「臣是宰相，請下樓面詰二凶力爭。」

高宗歎口氣，說：「叛兵兇焰如此，卿去必不能保全。朕已失王淵，再失朱卿，國人將置我於何地？」旋即命朱勝非與苗傅等約定四項條件：一、禪位之後，對其供奉務必豐厚；二、國事聽從太后與嗣君處理；三、降詔完畢，軍士即刻歸寨；四、禁止軍士劫掠。

於是，太子即位，太后垂簾決事，高宗移駐顯忠寺。不久將寺改為容聖宮，高宗又被尊為容聖仁孝皇帝。其實，他已無異於階下囚了。

苗傅、劉正彥的目的已經達到，志得意滿。他們在朝廷上一言九鼎，舉足輕重，頤指氣使，八面威風。宦官藍珪、曾擇被貶往嶺南。苗傅派人把他倆在半道上截住殺死。苗、劉二人由統制官升為節度使。

朱勝非上奏太后：「母后垂簾，舊例，大臣須二人一同上殿。倘有機密事宜要單獨上奏，應該准許。」

太后說：「如此，豈不引起苗傅等人懷疑？」

朱勝非獻計道：「可從苗傅開始，他就不會懷疑了。」

隔了一天，太后便宣召苗傅單獨奏事，然後再傳宣其他大臣。這樣，太后就可以避開苗、劉，從容地和眾臣商量高宗復辟的問題了。

後來，外地將領得知朝廷發生兵變，紛紛入京勤王，高宗終於重定。苗傅、劉正彥被殺身亡，結束了一場鬧劇。

5 擁立昏君幼主

封建時代，權臣若欲為所欲為，就必須控制君主，而欲挾制君主，最有效、最為常見的手段就是「擁立昏君、幼主」。

權臣扶立昏君或幼主，可使帝王成為自己手中的傀儡、抵擋各種反對勢力的擋箭牌。從而，他就可任意操縱權力，沒有絲毫妨礙。

表面上，權臣聽命於皇帝。事實上，他是假借傀儡皇帝，威懾天下和群臣。

東漢時代專權的外戚梁冀，其高祖是梁統，曾當過新莽政權的酒泉太守。王莽被殺，河西地方推舉竇融為大將軍，梁統為武威太守，共保河西全境。劉秀逐個擊敗了農民起義軍之後，梁統等人見大勢不可逆轉，就率眾投降。劉秀視之為開國功臣，先後封為成義侯、高山侯，任太中大夫。梁統與竇融均與劉秀聯姻，劉秀把自己的女兒舞陰公主許配梁統的兒子梁松為妻。這樣，梁統家族就取得了選配皇后的資格。

其後，梁松的侄女雖為章帝生了兒子，可惜她不是皇后，未能立為太子。竇融家族出身的竇皇后未生育，就把梁妃所生的兒子領養過來。梁家正暗自高興，竇皇后怕梁家將來得勢，遂設法殺害了梁氏二妃及其父親梁竦。從此，梁家一直遭到竇家壓制。後來，章帝去世，十歲的和帝即位，竇太后臨朝聽政。不久，竇太后也死了，梁家才敢告發竇家。和帝封賞了梁氏一門，但梁家仍受鄧氏、閻氏、竇氏等外戚的壓抑。直到順帝時期，梁氏才算掌了實權。

公元一二六年，順帝即位，立梁商之女為后，封梁商為乘氏侯，任掌握軍政實權的大將軍之職。梁商尚能禮賢下士，節身勤政，名聲不算太壞。

公元一四一年（漢順帝永和六年），梁商死，順帝立刻命其子梁冀接替父職，任大將軍之職，梁冀之弟梁不疑為河南尹。

梁冀為人陰鷙狡黠，極喜遊戲。據記載，他長得極其醜陋，有一雙豺狼般兇狠直射的雙眼，聳著瘦而上挑的雙肩，酷嗜女色、飲酒、賭博及各種鬥雞走狗、騎馬射箭的娛樂遊戲，可謂三教九流，無所不能。

梁商生前，為了使梁冀順利接下自己的職位，不致被其他外戚勢力所壓制，曾讓梁冀在宦海磨練了一番。在中郎將、執金吾及河南尹任上，他就做了許多壞事。梁冀其人，可謂集政客之狡詐、流氓之無恥和紈綺子弟的驕橫於一身。在其後的二十年大將軍生涯中，做盡了壞事。

梁冀橫行霸道，專權二十年，罪行累累難計。他的私生活更是醜聞百出。

據記載，梁冀的妻子孫壽長得眉毛細而曲折，滿口黃牙，笑時如同要把臉上的肌肉撕裂，走起路來搖晃不定，東倒西歪。她愛在眼下塗上紅脂，彷彿剛剛哭過一般，把頭髮盤在一側，好像頭上長出了個大疙瘩。不過，這孫壽長相做派雖然怪誕，倒極有降人的手段，竟把梁冀制得既愛她又怕她，處處聽她的話。孫壽不僅培植自己的勢力，還與梁冀所愛的「監奴」秦宮私通，並不顧自己的名聲，前往梁冀的外室抓姦，弄得沸沸揚揚。

梁冀當權，漢朝實是梁氏的天下。梁冀一門，前後出了七個侯爵，三個皇后，六個貴人，兩個大將軍，夫人、女兒封邑冊君者有七人，娶公主為妻者三人，校以上將官五十七人。

公元一五九年（漢桓帝延熹二年），梁皇后及另一梁氏妃子先後病死。此時桓帝已經二十八歲，他時刻擔心自己會遭到以前諸帝的命運，說不準什麼時候就被梁冀毒死。為此，在梁皇后死後，他加緊行動，企圖除掉梁氏一家。

可除了太監以外，他又能去找誰？一次，他在如廁時，看看周圍無人，把親信太監唐衡叫過來問道：「你知道太監中還有誰同梁家合不來？」

唐衡回答：「單超、左綰兩人曾到過梁冀的弟弟家，因未行大禮，他倆的兄弟就被送進監獄，差點死在那裡。他倆送禮道歉，才救出了他們的兄弟。他倆雖然表面上不說什麼，心裡肯定恨死外戚專權！」

桓帝又悄悄地把單超、左綰叫進室內，低聲對他們說：「大將軍把持朝政，我現在想把他殺掉。可朝廷上的官員都看大將軍的臉色行事，該怎麼辦？」

單超、左綰齊聲道：「大將軍專權誤國，早就該殺。我二人沒什麼可說的，赴湯蹈火，在所不惜！只怕皇上決心不夠！」

桓帝斷然道：「我決心已定，絕不猶豫！」

接著，桓帝又叫來徐璜和具緩，讓他們與唐、單、左等三人起歃血盟誓，共討梁冀。梁冀的親信耳目也探得一些消息，報知梁冀。梁冀急派自己的，心腹張惲到尚書省值宿。單超一見梁冀有所覺察，便當機立斷，派人以圖謀不軌的罪名抓住張惲。

這時，桓帝也親到殿下，命人把一切調動兵力的符節、印信全部集中到尚書省，派兵把守，以防梁冀矯詔調兵。然後，派具瑗帶領宮中衛士一千人包圍梁冀的住宅，收回梁冀的大將軍印綬。

梁冀絲毫未想到桓帝會突然發難，措手不及，無從抵抗，只好與妻子一起自殺。

梁冀既死，桓帝將其族人、親屬，無論男女老幼，一併處死。官員受株連罷官的三百多人，處死的數十人，朝廷上下各衙門幾乎為之一空。清抄梁冀家產達三十萬萬，可抵當時全國租稅的一半。

6 確立「輔國重臣」的地位

有些權奸會採取釜底抽薪之法，利用皇帝對自己的信任，設計陷害皇后、太子，使他們終被廢、被殺，而與年幼或昏暴之皇子結成聯盟，從而早早地確立「輔國重臣」的地位，以功制帝，肆逞其奸。

楊素是隋文帝時代的名將。史書稱他：「功臣莫居其右，覽其奇策高文，足為一時之傑。」但最後他仍以權奸之名載入史冊。其最大的奸惡莫過於更易儲君，為暴君楊廣奪位立下關鍵性的「功勳」。

楊素少時好學，有大志，與牛弘（後任隋朝禮部、吏部尚書）同窗。他知識淵博，文學、書法均有造詣，然不受人重視，只有叔祖魏尚書左僕射楊寬對他特加讚賞，曾對人誇耀說：「這小子了不起，楊家子孫誰也不及他！」

在隋朝統一全國時，楊素屢立戰功，不斷受到加封。開皇十二年（五九二年）十二月，隋文帝任命楊素代蘇威為尚書右僕射，與尚書左僕射高熲共掌朝政。

楊素深知自己的政治才能遠不及高熲、蘇威，之所以能取蘇威之位而代之，一是軍功，二是善於媚主。

誠然，隋文帝是歷史上有數的卓越君主，但他晚年心狹多疑，偏聽讒言，濫殺大臣，而楊素精於權術，投其所好，最得寵信。令楊素代蘇威為相，是文帝在政治上的一大失誤。

文武百官都清楚，這楊素，論「推政體國，處物平當，有宰相風度，不如熲也。」文帝心裡也明白，治理國家依靠高熲：隋朝「制度多出於熲……當朝執政將二十年，熲之力也。」

開皇二十年，晉王楊廣為靈朔道行軍元帥，楊素為長史，兩人結成知交。

文帝晚年，宮廷發生了爭奪太子之位的鬥爭。在這場鬥爭中，楊廣奪得帝位，楊素扮演了舉足輕重的角色。

開皇元年（五八一年）二月，楊堅建立隋朝，立世子楊勇為太子。勇好學，通詞賦，性寬和。軍國政事及尚書奏死罪以下，皆令勇參予處理。勇對時政不便之處多所損益，文帝皆能採納。一次，文帝打算遷山東之民充實北部邊塞，勇進諫說擾民太甚，文帝遂止。文帝多次對朝臣說，勇有治國之能。然而，楊勇的致命弱點是承襲士族的奢侈之風，喜聲色犬馬，又不善於掩飾。他曾因裝飾蜀鎧，遭文帝斥責，罵他不節儉。

不久，遇冬至日，百官朝拜楊勇。他張樂受賀，儀似天子，違反禮制。文帝下詔禁止，稱今後冬至朝賀，免上東宮。自此，他開始猜疑楊勇。勇喜美色，尤其寵愛昭訓雲氏。

開皇十一年九月，楊勇的妃子元氏之子患心疾而死。元妃是獨孤皇后為勇所配。皇后懷疑楊勇，並派人偵勇罪過。由此，勇遂失愛於父皇與母后。

文帝次子楊廣覬覦太子之位已久，得知哥哥失寵於父母的原因，就更加刻意矯飾自己。文帝到他的居所，他藏美妾於別室，僅留穿粗布老嫗侍左右，樂器上故意弄滿塵土。文帝遂以為廣不好聲色。楊廣又賄賂宮室，上下稱廣「仁孝」。看相的術士對文帝說：晉王廣「貴不可言」，嗣皇位者，「皇后所最愛者當與之。」在這一系列假象蒙蔽下，文帝遂有廢勇之意。接著，楊廣藉宮之機，在獨孤皇后面前痛哭失聲，偽稱太子勇要殺他。獨孤氏大怒，咒罵楊勇如「豚犬」，決意廢太子勇。

廢立太子是國之大事，宰相是要參予決策。這期間，右相楊素態度曖昧，坐觀時變。左相高熲則不然。此前平陳之時，他因殺美人張麗華，得罪了楊廣，又與楊勇是兒女親家。

開皇十九年六月，文帝試探高熲：「有神告晉王妃，言王必有天下。」高熲回答：「長幼有序。」文帝默然不語。

獨孤皇后知道高熲的態度不可改變，決心設法除掉他。一次，文帝令選東宮衛士入上臺宿衛，以此削弱東宮勢力。高熲反對，奏稱：「若把東宮強者抽掉，恐東宮宿衛太弱。」文帝變了臉色，怒道：「天子宿衛要勇者，太子何須壯士？你難道要我蹈前朝的覆轍嗎！」因而懷疑高熲與楊勇姻親互通，不滿之情溢於言表。

獨孤氏見此，趁機挑撥，令人奏熲謀民。文帝益信。八月，文帝罷免高熲上柱國、右僕射，除名為民。楊素是高類所薦，又身居右相，他可以出來為之辯冤，卻沈默不言。自此，楊素獨掌相權，成了廢立太子的關鍵人物。

當時，宇文述是楊廣的心腹。他對楊廣獻計道：「誠然，皇太子失愛已久，大王才能蓋世。可是，欲行廢立，並非易事。能移主上意者，唯楊素耳，素所與謀者，唯其弟楊約。我與楊約是朋友，先與約謀，則大事可成。」

楊廣大喜，派宇文述賄賂楊約，並知會皇帝、皇后有廢勇立廣之意。楊約對楊素講了這事。楊素拍掌說：「我沒有考慮到，靠你歐發。但不知此事虛實？若真如晉王所言，我一定幹！」

楊素拜見獨孤皇后，稱晉王仁孝與文帝相類，以此試探。獨孤氏流淚道：「你講得對，他很孝順。我真怕勇兒害了他！」楊素立即攻擊勇「不才」。獨孤氏重賞了楊素，讓他參決廢勇立廣的陰謀。

楊勇聽到風聲，不知如何是好。文帝亦知楊勇不安，派楊素去東宮觀察他的動靜。楊勇得報，穿著禮服等著接待楊素。楊素卻故意不進門，以激怒楊勇。楊勇知楊素故意侮辱他，憤慨形於顏色。楊素回報文帝：「勇怨望，恐有他變，願深防察。」文帝更加懷疑楊勇。

獨孤氏派人收集楊勇的過失，添油加醋，上報文帝。楊廣又賄賂東宮幸臣姬威，羅織楊勇罪名。於是，「內外喧謗，過失日聞。」文帝信以為真，遣人摒去東宮侍衛。太史令袁充奏言：「我觀天文，皇太子當廢。」文帝說：「天意如此，朝臣不敢說什麼了。」決定廢勇。

開皇二十年九月，文帝在大興殿召集群臣，逮捕太子左庶子唐令則等數人，令楊素宣布東宮罪狀。楊素偽稱道：「開皇十七年，我奉敕，請皇太子嚴辦劉居士餘黨。太子不理，反而說：『居士餘黨已伏法，你是右相，自己去辦理吧，與我何干。』又說：『昔日父皇代周，若事不成，我第一個被殺！如今做了天子，竟待我不如諸弟。』」

文帝說：「此兒不堪承嗣久矣。我雖不如堯舜，終不能以萬姓付不肖子！我恒畏其加害，如防大敵，今欲廢之以安天下。」

左衛大將軍元旻苦諫：「廢立大事，千萬別聽讒言，恐將來悔之莫及！」在楊素授意下，姬威製造謠言，誣陷楊勇曾說「父皇在開皇十八年當死」云云。文帝聞言，傷心地說：「哪一個人不是父母所生，竟至於此！」立即下令囚禁楊勇，收其黨羽。

這中間，楊素舞文巧詆，鍛鍊以成其獄。有司稟承素意，奏元旻是勇同黨，將其逮捕入獄。楊素逼楊勇招供養馬千匹是想謀反。勇自辯道：「國家有馬數萬匹，我為儲君，養馬千匹，怎能說是謀反？」

十月，文帝在武德殿召集文武百官，廢勇為庶人。此時，還有許多人同情楊勇。勇長子寧王儼是文帝長孫，上表懇請宿衛，言詞哀切。文帝很感動。楊素挑撥道：「皇上小心毒蛇咬手，千萬不能留下禍根！」

在楊素主持下，將元旻、唐令則等數人處斬。

十一月，文帝立楊廣為太子，並將勇付廣管制。勇知廢己之罪是楊素等人羅織，請求見父皇申冤。廣阻止，不得見。

一天，楊勇爬到一棵大樹上呼喊，希望父皇能夠聽見。楊廣卻散布流言，向文帝詭稱說：「勇被癲鬼所迷，神志錯亂。父皇不宜召見病人。」文帝信以為真，因而拒不見勇。

楊勇做太子二十年，理政寬平，曾得到文帝稱道：而楊廣好聲色犬馬，較楊勇有過之而無不及，只不過他善於矯飾罷了。名臣李綱曾上書文帝：「今日之事是皇上的過失，非勇之罪。勇器非上品，性是常人，若得賢明之士輔導之，足堪繼嗣皇業。」

李綱官雖卑微而敢犯顏直諫，與楊素陰謀誤國相比，忠奸是何等分明。廢勇立廣是文帝晚年最大的失誤，他的失誤導因於輕信楊素和獨孤氏的讒言，所選非人。

仁壽元年（六〇一年）元月，文帝以尚書右僕射楊素為左僕射，蘇威為右僕射。蘇威性怯懦，楊素從來就輕視他，做事獨斷專行。因此，實際上是楊素一人獨掌相權。他夢寐以求的權勢如願以償了。從此，他用手中的權力，做了更多的壞事。

7 焦芳病態，迫害「南人」

小人記仇，人皆怕之，躲之。可以說，人生修練到這個份上，也算是個人物了。大凡人走路，在胡同裡遇到一隻惡狗，都會躲到一旁，讓牠先過去。小人便利用一般人的這種心理，擺出我是小人我怕誰，我是小人你怕我的賴皮嘴臉，為所欲為，謀取自己的利益。這就是此輩所自豪的智慧。

明武宗即位時只有十五歲，他依照歷代皇帝的做法，頒布「舉懷才抱德之士」的詔書，諭示天下，廣選人才。各地官員立即行動起來，紛紛上書舉薦德才兼備的優秀人才。

江西一地，餘姚人周禮、徐子元、許龍及上虞人徐文彪以德才出眾，被舉薦為官。有司考核後同意起用，並上報內閣，由大學士劉健草擬奏疏，上呈皇帝。

當時的翰林學士、吏部尚書焦芳聽說幾個餘姚人受到舉薦，極為惱怒。焦芳自從阿諛依附劉瑾以後，與之相互勾結，朋比為奸，玩弄權術，排斥異己，陷害忠良，不一而足。他的黨同伐異已發展到大搞地方宗派的地步。本來，在封建社會，朝廷大臣熱衷於拉幫結夥、親同疏異，拉山頭、結團夥，乃司空見慣之事，不足為奇。但焦芳的地方宗派卻與眾不同，他排擠南人，舉用北人，有其特殊的政治和心理原因。

當初，焦芳進入翰林院時，大學士彭華曾經反對。後來，有人阻止提升他為翰林學士，他又猜疑是彭華從中作梗，故意跟他過不去。焦芳曾一度被逐出翰林院，他也懷疑此事與彭華有關。因為這幾件事，焦芳對彭華簡直恨之入骨。還有謝遷，在翰林院時常常壓制焦芳，處處限制他。焦芳要求復入翰林院，謝遷與劉健又極力阻止。所以，焦芳對謝遷也刻骨仇恨。

焦芳出於私怨，深恨彭華和謝遷二人，因為他們是江西餘姚人，所以，他對江西人，尤其是對餘姚人，甚至南人，都一概仇視，一概排斥。他時常對劉瑾說：「宋人曾經說過一句話：『南人不可為相。』南人心胸狹隘、性格狡詐、奸貪邪惡。」

他還特製了一張「南人不可為相圖」獻給劉瑾。在焦芳影響下，劉瑾也開始對南人心存偏見。

此時，焦芳見又有餘姚人受到舉薦，趕忙去找劉瑾，慫恿劉瑾出面干涉。劉瑾上疏彈劾劉健、謝遷，誣以「徇私援引」的罪名，又擺出司禮監大太監的「款」，揚言要將劉健、謝遷逮捕抄家，把周禮等人打入詔獄。李東陽認為這些罪名純屬莫須有，不能無緣無故處治朝臣，從中極力勸解。焦芳卻在旁邊大肆調唆，惡狠狠地說：「縱然從輕處治，也該將他們除名。」結果，劉健、謝遷被罷黜為民，周禮、徐子元等人被發配戍邊。

本是一件利國利政的大好事，到了劉瑾、焦芳，這票人的手中，便成了他們玩弄權術，剷除異己的犧牲品。

此事過後，為了從根本上限制南人，防止南人占據重要職位，劉瑾、焦芳私自規定，兩廣、南直隸、浙江的官員選授，不許選用鄰省人擔任；漕運都御史不許選授江南人擔任。更有甚者，他們竟然下令，餘姚人不得授京官。

8 你傷我一寸，我必還你一尺

小人內心深處的自卑感和對於公眾的仇恨情緒，使他們對有損於自己之利益的各種事物極其敏感，特別是對於得罪過他們的人更是刻骨銘心。他們甚至對一些極其細微的事物都會產生神經質的仇恨反應。正因如此，許多被小人攻擊、傷害的人，在蒙受損失後，竟然搞不清自己究竟在哪個地方得罪了小人，以致招來這樣大的禍害。他們無法想像，某些匪夷所思的緣由竟可以成為小人肆行打擊報復的藉口。小人如此記仇，是一般人害怕得罪小人的根本原因。

唐玄宗在位期間，宮中宦官人數大增，且被委以重任，稍稱職的宦官即被授予三品將軍。其中，中侍衛高力士最受寵信。

開元時期，高力士一度受到王毛仲等人的非禮與歧視。王毛仲本是玄宗的家奴，因性識明悟，常服侍左右，成為玄宗的心腹。後來居開府儀同三司，任內外閒廄監牧都使之職，逐漸恃寵生驕，對小宦官動輒辱罵毆打，對品階高者也不尊重。當時高力士尚不足與他對峙，只好忍氣吞聲，待機報復。

開元十八年（七三〇年），王毛仲向玄宗求授兵部尚書。這種赤裸裸的貪欲使玄宗深為反感，沒有答應他的請求。高力士知道時機已經成熟，開始暗中算計。適值王毛仲的妻子生下一個男嬰，高力士奉玄宗之旨前往慶賀，賜給他大量酒食、金帛，並授毛仲之子五品銜。王毛仲雖貪心，對皇帝的賞賜還是很滿意的，立刻跪謝天子龍恩。高力士一心要報復仇敵，就在回宮的路上算計好了誹謗王毛仲的說辭。

回到宮中，玄宗問他，王毛仲可否滿意。高力士回答：「毛仲抱著襁褓中的嬰兒對眾臣展示說：『這樣的兒子，難道不配做三品官嗎？』可見，他對皇上封的五品官有所不滿。」玄宗聽罷大怒：「當初誅韋氏的時候，此賊就首鼠兩端，朕沒有計較，誰想現在他竟因兒子怨朕，真是不識抬舉！」高力士趁機勸道：「北門禁軍的勢力本就太盛，若不及早除掉，必生大患。」

高力士這樣一勸，把皇帝與王毛仲的個人恩怨提升到維護宮廷穩定的大局，堅定了玄宗清除王毛仲勢力的決心。王毛仲被除掉後，當然高力士在宮中的地位就更加穩固了。

9 諫似直而實多詐

善用「恐」、「捧」，奇妙無窮。有時需要恐，有時需要捧。只捧不恐，會讓對手自覺有恃無恐，答不答應要看他高不高興，主動權操在他手中；捧中加恐，則主動權握在自己手裡，捧字只用作臺階，讓對方不失面子，實質上他已非順從不可。

古代帝王在即位之初或遇嚴重瓶頸，常會下詔求言，讓臣下對朝政或他本人提出意見，表現出一副棄舊圖新，虛心納諫的樣子。其實這大多是故作姿態。有一些實心眼的大臣卻十分認真，不知輕重地提了一大堆意見，從而招來忌恨，埋下禍根。

那些奸佞小人卻十分精明，他們也提意見，但他們所提的意見大多是奉承賣乖之詞。比如，對一個敬業的上司說：「近來大家都說你太不愛惜自己的身體……」對一個好色的上司說：「您的生活太嚴謹了……」對一個節約的上司說：「我們應該更減少浪費……」等等，要嘛避重就輕，要嘛重覆上司的意圖，上司對他們提的「意見」自然欣然接受。從而，他們總能得到主子的歡心。

蘇世長是唐高祖李淵稱帝以前的老朋友，後來追隨了李淵的對手王世充。王世充失敗，他來投降，李淵對他大加譴責。

蘇世長回答：「隋朝失德，天下人群起逐鹿。陛下既已得鹿，又何必懷恨那些共同追逐的人，問他們的爭奪之罪呢？」

李淵也就不再計較，並任命他為諫議大夫。這是個專門負責向皇帝提意見的官。他都提了些什麼意見呢？

一次，蘇世長隨李淵去打獵。李淵玩得十分盡興，所獲獵物也頗豐。他十分高興，問隨獵的大臣：「今日打獵高興嗎？」

蘇世長回答：「陛下此行還不到百天，算不了什麼快樂！」

李淵打獵只不過偶為之，哪可能獵上一百天，自然也犯不上生他的氣，只是笑了笑說：「你那狂妄的老毛病又犯了！」

蘇世長說：「對臣來說是狂妄，對陛下可是一片忠心。」

有一次，蘇世長在華麗的披香殿侍宴。他趁著酒勁問李淵：「這大殿是隋煬帝所建的吧？」

李淵說：「你好像敢於直諫，其實是在耍心眼。你難道不知道這是我興建的嗎？卻裝糊塗說是煬帝所建！」

蘇世長回答：「我實在不知道，只看到它的華奢如同殷紂王的傾宮、鹿臺，不是一個開國之君所應為。若是陛下所建，就太不合適了！當年我曾到武功（李淵稱帝前的舊居）為陛下效力，看到那個地方的房屋僅能遮擋風雨，當時陛下也很知足。如今繼承了隋朝的舊殿，已經夠奢侈了，新建的這座又超過了它，又怎麼能矯正隋朝的過失呢？」

蘇世長以一降臣而擔任諫議大夫這樣的官職，也真夠讓他為難。對有關國家大政方針的問題，他不敢妄加議論。可什麼意見也不提，未免有點「尸位素餐」，也會招來皇帝的不高興。怎麼樣才能做到所提意見既不觸怒皇帝，又能為皇帝所接受，使皇帝博得一個「納諫」的美名呢？看來，蘇世長頗費了一番心思，也達到了預期的效果。他的辦法是避重就輕，放馬後炮。

李淵並不是一個荒縱之君，打獵也不過是偶一為之，蘇世長卻拿這個大作文章，誇張其辭，李淵自然能夠容忍、接受。而對李淵致命的弱點——忠奸不分，他卻不置一詞。

如果說他認為打獵不恰當，便應該勸阻於前。他也沒有這樣作，還陪著去玩了一天，回來才放了個馬後炮，又有什麼用？披香殿的興建已是既成的事實，他卻又裝傻作呆地議論幾句，以致連李淵也看出來他是「諫似直而實多詐」，卻也不怪罪他。這種以反對派的面目出現，行討好之實的技巧，實在是諂媚之術中的上乘手段。

10 善於阿諛投機又有強項之舉的丞相

北齊祖珽，文武皆能，才華橫溢，一時無雙，但品行惡劣，既有盜竊癖，又貪污成性，結黨營私，陷害忠良，阿諛奉承，偏又有時不諛皇帝，為打擊對手，不惜以性命作賭注，而且不知見好就收。凡此種種，實在是很難給這個人一個貼切的評價。

祖珽，字孝徵，范陽狄道人。一說猷縣（今河北定縣）人。父祖瑩，魏護軍將軍。他自幼天資過人，事無難學，凡諸才藝，莫不關心，好讀書，工文章，詞藻剛健飄逸。文章之外，又工音律，善彈琵琶，能作新曲，並識四夷之語，擅陰陽占候之術，醫術尤為所長，為當時名醫。博學多才，冠絕當時，為南北朝時一大奇才。而且，他機警能斷事，享有美名，為時人所推崇。

初為祕書郎，後遷尚書儀曹郎中。

北齊真正的創始人東魏大丞相高歡見其所作《清德頌》，喜之，遂召見口授三十六事。祖珽出而書之，一無所失。

蘭陵公主（魏孝文帝女）出嫁蠕蠕（柔然），著作郎魏收（《魏書》作者）作

《出塞》、《公主遠嫁》詩兩首，祖珽皆和之，時人均廣為傳抄吟詠。

并州定國寺建成，高歡欲請人作詞，問相府功曹參軍陳元康。元康薦珽才學並解鮮卑語。珽二日成之，文甚麗。高歡悅之。

然祖珽生活放縱、淫亂，與陳元康時常作聲色遊。一日邀友至家，出山東大文綾與連珠孔雀羅，令諸婦為賭博戲。又迎參軍元景獻之妻赴席，與眾人遞寢。還長期與寡婦王氏公開往來，並言：「丈夫一生不負身。」

珽又有盜竊癖。膠州刺史司馬雲宴客，珽盜銅碟兩面。廚人請搜客，於珽懷中得之。見者深以為恥。

盜竊癖外，祖珽還貪污不斷。為并州倉曹參軍時，脅典簽陸子先命請糧之際，令子先宣教出倉粟十車，送僚官。高歡問之，珽自言不署，歸罪子先。高歡信而釋之。

祖珽極善於鑽營。他長於以胡桃油作畫，又擅陰陽占卜，因此以畫進呈長廣王高湛，說：「殿下有非常骨法，孝徵夢殿下乘龍上天。」湛曰：「若然，當使兄大富貴。」及皇建二年（五六一年）即位，為武成帝，遂拜祖珽中書侍郎。帝於後園使珽彈琵琶，和士開（太子高緯養母陸令萱之養子）胡舞，各賞物百段。和士開深忌之，乃使出祖珽為安德太守。

祖珽又深有謀略功，善於斷事。高湛死後，後主憶其扶立之功，任之為海州刺史。當時陸令萱、穆提婆當權，珽乃與令萱弟悉達書曰：「趙彥深心腹陰沈，欲行伊、霍事，儀同姊弟豈得平安！何不早用智士邪？」

和士開亦以能決大事，便棄除舊怨，虛心待之，以為謀主。又與陸令萱言於後主曰：「襄、宣、昭三帝，其子皆不得立，令至尊獨在帝位者，實由祖孝徵，又有大功，宜重報之。孝徵心行雖薄，奇略出人，緩急真可憑仗。且其雙盲，必無反意。請喚取，問其謀計。」後主從之。遂入為銀青光祿大夫、祕書監，加開府儀同三司。

和士開死後，祖珽說陸令萱出司空趙彥深，以己為侍中。在晉陽又通密啟，請誅琅琊王。其計既行，權勢日大。後來胡太后被幽，珽欲以陸令萱為太后，便撰魏帝皇太后故事，為令萱言之。謂人曰：「太姬雖云婦人，實是雄傑，女媧已來無有也。」令萱亦稱挺為「國師」、「國寶」。由是拜尚書左僕射，監國史，加特進，入文林館，總監撰書；封燕郡公，食太原郡，給兵七十人。所住宅在義井坊，旁拓鄰居，大事修築。陸令萱親自往行，自此威鎮朝野。

祖珽此時大權在握，總知騎兵、外兵事，內外親戚，皆得顯位。後主亦令中要數人扶侍出入，著紗帽直至永巷，出萬春門向聖壽堂。每同御榻，論決政事，委任之重，群臣莫比。自和士開執事以來，政體隳壞，祖珽遂致力朝政。他的治政能力頗強，又推崇高望，一時間官人稱職，內外稱美。祖珽復欲增損政務，沙汰人物，便奏罷京畿府併於領軍，事連百姓，皆歸郡縣，而宿衛都督等號位都從舊官名，文武服章並依故事。並欲黜諸宦官、內侍及群小，推誠各地名士。

這一來，得罪了陸令萱、穆提婆母子，於是陸令萱、穆提婆和諸宦官更共譖毀之，無所不至。後主三問陸令萱。陸令萱下床拜曰：「老婢合死！本見和士開道孝徵多才博學，言為善人，故舉之。此來看之，極是罪過，人實難容，老婢合死。」

後主令韓鳳檢案，得祖珽偽造詔書十餘份。後主因為以前曾與其重誓，所以不殺，只解其侍中、僕射，出為北徐州刺史。這場宮廷鬥爭，最後以祖珽失敗告終。

北徐州與南陳交界，陸令萱、穆提婆等人以祖珽為刺史，實際是想借南陳軍之手除掉他。因此，在南陳軍進攻徐州時，提婆欲徐州城陷而殺祖珽，所以雖知危急，不遣救援。

祖珽也知道不可能指望救援，於是不閉城門，令守軍都下城靜坐，街巷禁止人行，雞犬不聽鳴吠。陳軍見此情形，莫測所以，懷疑是人走城空，所以不設警備。

至夜，祖珽忽令大叫，鼓譟震天。陳軍大驚，登時走散。後復結陣前來攻城，祖珽又乘馬親自出擊，並令錄事參軍王君植率兵馬，親臨戰場。陳軍先聞祖珽是盲人，以為必不能拒抗，哪知突然見他親在沙場，彎弓縱箭，於是相與驚怪，畏之而罷兵。祖珽且守且戰十餘日，陳軍終於退走，徐州遂得以保全。

11 在小事上做出大文章

小人善於雞蛋裡挑骨頭，沒事找事，小事變大。現實中，小人經常用他們的骯髒伎倆，擺開一個比世界上任何真正的戰場都令人恐怖的混亂方陣，使再勇猛的鬥士都只能退避三舍。

明代嘉靖十八年（一五三四年），明世宗封首輔夏言為光祿大夫上柱國。這是明朝大臣的最高封銜，夏言自然是春風得意。他萬萬沒有想到，他的同鄉嚴嵩正時時刻刻想著扳倒他。

嚴嵩對夏言的仇恨並非源於什麼大的過節。夏言待嚴嵩雖算不上親近，但曾加以提拔。他入閣時，就推薦嚴嵩接替自己做禮部尚書。嚴嵩卻全不顧念這些恩惠，對夏言早年將自己視為門客耿耿於懷，早就懷了算計之心。

有一次，夏、嚴二人隨世宗謁顯陵。謁畢，嚴嵩揣透世宗心思，請表再賀。夏言則說，等回京後再賀不遲。嚴嵩一再堅持。這使世宗對嚴嵩產生良好的印象，對夏言的忤逆則有所不滿。

到一五四二年，夏言已是三起三落，多次被世宗責令退休，而後又官復原職，卻已不像初時那麼受寵。嚴嵩抓住這個機會，加緊了扳倒夏言的步伐。

六月的一天，嚴嵩密見世宗，跪在地上痛哭流涕，訴說夏言欺凌他的情形以及夏言的短處。世宗大怒，雖然沒有捕拿夏言，但自此不加重用。由此，嚴嵩代夏言進人內閣。

一五四五年，世宗察覺到嚴嵩所幹的一些壞事，又召回夏言，官復原職。夏言從此又壓制住了嚴嵩。但嚴嵩此時已權勢日大，黨羽漸豐，夏言也奈何不了他。

嚴嵩很擅長在小事上做出大文章來。世宗常派一些小太監到夏言、嚴嵩府中。夏言只把他們當奴才看待，從未著意結納。嚴嵩則每次都親自執手請坐，寒暄不已，還用黃金賄賂他們。這些小太監回宮之後，爭相誇讚嚴嵩而詆毀夏言。久而久之，世宗不免又受到蠱惑。

世宗好「青詞」。早年，夏言即因善寫青詞，得其歡心。惜乎夏言老來體弱，不大親自執筆，只叫幕僚代寫，多不合世宗心意。而嚴嵩本是個詩書畫俱全的人，為討世宗歡心，一直專心致力於寫青詞。世宗為考察臣下對自己的忠誠，曾派人夜裡監視夏、嚴二人。夏言每每都在酣睡，嚴嵩卻裝模作樣，在孤燈下看青詞稿。這使夏言進一步失去世宗的歡心，嚴嵩卻更加得寵。

一五四六年，嚴嵩終於藉驅走韃靼，恢復河套一事抓住了夏言的把柄，上疏世宗，力貶夏言。夏言有口難辯，第二年正月，被世宗罷了官。嚴嵩至此算是扳倒了夏言。但因多年宿怨積累，他早已發誓要徹底除掉夏言，此時哪肯罷休，又發動黨羽在朝廷散布謠言，攻擊夏言，並親自上疏世宗，誣陷夏言曾受陝西總督曾銑的賄賂。於是夏言琅璫入獄。

夏言入獄後，世宗一直猶豫著是否殺他。一五四八年，正值邊境警報頻傳，嚴嵩趕快抓住機會，上疏說，這正是夏言、曾銑等人相互勾結，以致「開邊起釁」，不殺夏言，無以平民憤。世宗被激怒，終於下令殺了夏言。

嚴嵩謀算一個和自己本沒有什麼深仇大恨的「仇敵」，竟前後糾纏十幾年的時間！試問，我們尋常人哪能投入這樣多的時間、精力、血氣去算計別人？我們生命的絕大部分是用來做事的，不是用來算計人的。時間和精力的限制，使我們不願也不可能以這樣的方式去謀取利益。小人則恰恰相反，算計人是他的主業，在主業上投注時間、精力，可不算是虛耗浪擲。小人的優勢也恰恰表現在他絕不會因為算計的繁瑣麻煩而停止對目標的追逐，這使得他們往往能夠最終達到自己的目的。小人如此糾纏，也真難怪一般人對他們採取「惹不起躲得起」的無奈之策了。

12 不厭其煩地陷害人

汪直是大滕峽人（今廣西桂平）人，瑤族。明憲宗率軍往南方平亂時，他被俘獲。入宮初期，服侍憲宗的寵妃萬貴妃。由於聰明伶俐，善體人意，博得萬貴妃的歡心。特別是他盡心盡力地替萬貴妃納賄斂財。於是，萬貴妃在憲宗面前極力推薦。憲宗禁不住耳邊風吹拂，就讓他做了掌管御馬監的太監。

汪直成為錦衣衛，出自一個偶然的機緣。

有一個叫李子龍的術士，說自己能呼風喚雨、驅鬼招神，且能預知人世間的無常禍福。內使鮑石、鄭忠等人對此深信不疑，就把他推薦給憲宗。自此，他經常出入宮禁，和憲宗一起登山遊樂，虛弄騙術。時間長了，這李子龍竟然和幾個內使勾結起來，想謀害憲宗。但謀事不祕，被錦衣衛偵知，於是一併遭捕斬首。

這次陰謀雖未成功，對憲宗的震動卻非常大。於是，他讓汪直改換上錦衣衛軍官的衣服，帶著錦衣衛出去，到街市上盤查。汪直抓住這一機會，極力表現自己的忠誠和盡職。他經常微服私行，把一些街談巷議、官民舉動彙納起來，呈報憲宗。此時憲宗正缺乏安全感，覺得無人可托為心腹，汪直的這一舉動，恰好迎合了他的心理，引得他倍加高興和信任。憲宗尋思：錦衣衛和東廠都是前人設立的廠衛，人員情況把握不準，不如自己設立一支親信隊伍，以控制其他廠衛。於是，憲宗下令，設立西廠。總督西廠的人選自然非汪直莫屬了。

汪直一任西廠總管，立刻身價百倍，權勢陡然上升。但他絕非一個昏蟲。他知道，如果想擴大影響力，必須沽名釣譽。他時時注意，尋找良機。

良機終於來了。南京鎮監覃力朋驕橫跋扈，而且十分貪婪。在一次往朝廷進貢以後，他用百艘官船裝運私鹽，大搖大擺地沿運河南下。鹽、鐵專賣是明朝的法律，私運者一律處死。但覃力朋權大性凶，無人敢管。走到武城縣時，一個大膽的典史居然要查阻鹽船。覃力朋哪把他放在眼裡，當即揮拳打落了他的一對門牙，還順手刺死了他身邊的一人。汪直接到此案，立刻傳報四方，大造輿論，並馬上逮捕覃力朋，查他販運私鹽、毆打官吏、濫殺無辜的罪行。然後奏告皇上，力主將覃力朋處死。

憲宗最終雖然沒有處死覃力朋，但覺得汪直秉公執法，又忠心耿耿，對之更加信任。一般官民也認為汪直剛正不阿。由此，汪直聲譽鵲起。

汪直見權勢已固，就使用特務手段，大造恐怖氣氛，對朝廷官吏橫加逮捕、殺戮，對一般民眾更是濫施淫威。由於西廠可以不經過任何法律程序，即將人逮捕、處置，也就變成了一個無理可講的魔窟。汪直欺瞞皇帝，很多案件並不奏明，就擅作處置，因而許多民間鬥雞走狗、丟斧失鉤、口爭械鬥之事往往被處以電刑乃至極刑，很多人不明不白地死在西廠。就是一些朝廷官吏，也像雞狗一樣，被汪直隨意處死。

在這種情勢下，許多大臣，如郎中武清、樂章，參政劉福，行人張建綱都被兔捕入獄。朝中人人自危，不能自保。於是，許多正直之士紛紛要求懲處汪直。

憲宗竟當眾說：「我只用了一個太監，怎可能危亂天下！」

兵部尚書項忠率九卿一起奏劾汪直。憲宗迫不得已，只得於成化十八年（1482）撤銷西廠，把汪直仍斥回御馬監。但這只是暫時，憲宗對汪育的好感未變，對西廠仍念念不忘。御史戴縉，九年未升官，十分鬱憤。他看出皇上仍然十分寵信汪直，索性迎合上意，上書極言汪直如何公忠體國，在西廠立下多少功勞，又說應當重立西廠，以除奸佞，安國家，不僅可為今日法，亦可為萬世法等等。憲宗一聽，正中下懷，即刻下詔再開西廠。汪直又走馬上任。

汪直復出以後，愈加肆無忌憚，第一件事就是陷害項忠。他指使東廠校尉誣告項忠。憲宗不分青紅皂白，就同意逮捕項忠，並把他交給有司審問，審訊大員知道這是汪直的主意，雖然審來審去拿不到把柄，還是把項忠定了罪。連和項忠一起彈劾過汪直的六部九卿也被株連，一起遭到貶官的懲罰。首先上書彈劾汪直的大學士管輅也被罷免。自此以後，朝中無人敢與汪直爭鋒。

汪直排斥了異己，立刻到處安插自己的親信。王越與陳鉞就是其中的代表人物。王越素行卑鄙，看準了汪直與項忠勢不兩立，就投機鑽營，大肆污蔑項忠。每次與汪直談起項忠，都做咬牙切由之狀。在誣陷項忠的過程中，他大立其功，因而在項忠被削職為民以後，竟因汪直的推薦，被提升為兵部尚書。

成化十五年（一四七九年），汪直受命巡邊。邊防官吏畏之如虎，皆執禮甚恭，但鎮守遼東的兵部侍郎馬文升對汪直的作為極感不滿，獨表憤慨。汪直就與陳鉞合謀，把陳鉞擾邊的罪責一占腦兒轉嫁到馬文升身上。以來，陳鉞濫殺邊民冒功，激起民變，馬文升前往剿撫，才得平定。由於汪直的奸詐，結果馬文升被貶謫邊。

陳鉞細心揣摸汪直的心意，因汪直沒有戰功，遂刻意為他創造一個立邊功的機會，於是，就假報邊警。憲宗讓朱寧統兵，汪直做監軍，到邊境轉了一圈，就「凱旋」了。這次出征，殺了許多無辜的邊民，搶了許多財物；朱永被封為保國公，陳鉞升為右都御史，汪直加了俸祿。

王越見陳鉞由戴罪之身，輕而易舉地升官發財，不禁眼紅起來，也依樣畫葫蘆，假稱邊關有警。憲宗也不問明原委，只管稀裡糊塗地發命令，再次讓朱永領兵，王越輔助，汪直監軍。「凱旋」之後，各有升賞。王越如願以償，被封為威寧伯。

王越和陳鉞成了汪直的心腹爪牙，時人把他倆比作兩把「鉞」（古代的一種斧子），莫不畏懼。

後來，憲宗對汪直也有所忌憚。恰在此時，御史徐鏞上表彈劾汪直：「汪直與王越、陳鉞結為腹心，互為表裡，肆意羅織，擅作威福，以致兵連西北，禍結東南，天下之人但知有西廠，不知有朝廷，只知畏汪直，不知畏陛下，逐漸羽翼豐滿，令人心寒。希望陛下能明正典刑，以使恃權胡行之奸黨知所鑑戒！」

牆倒眾人推。汪直集團內部也因才爭權奪利而互相傾軋，把汪直的一些不法隱情全都上報憲宗．憲宗終於決定處置西廠。首先，他撤了西廠，驅逐了汪直的心腹王越、戴縉等人。因韋瑛和陳鉞此前已犯罪被殺，沒有追究。但憲宗並未徹底懲處汪直，僅把他免官放逐，使其得保殘生。西廠雖撤，汪直等雖被逐，但東廠還在，錦衣衛還在，明朝的特務統治依然如故。

汪直之所以能兩度得勢，除了他巧於逢迎、憲宗喜歡近臣等原由之外，還有一個重要的因素，就是他善於糾纏．不管是誰，只要得罪了他，他會不厭其煩的收羅此人對罪證，而後大肆告密。汪直不僅告一般吏民的密，對大官乃至錦衣衛、東廠，他都大告其密，不整倒人，誓不罷休。而當有人參劾他時，他也能不怕麻煩，與對手糾纏到底。所以他能夠倒而復出，東山再起。

ch.6

只管目的，管不了手段

小人絕不會有憐憫之心，他認為那是婦人之仁；小人也絕不會衝鋒陷陣，他認為那是匹夫之勇。小人手狠，見不得美好。小人害人的力量來自哪裡？這就是小人的智慧了。小人寧願所有人恨他，不願任何人幸福。

1 周邊著手，層層剝皮

讒毀誣陷之奸術，本質上是一種「借刀殺人」的陰謀。讒誣的小人必須借助上司的力量，才能扳倒對手。一般來說，他本人不會直接出面，與對手進行面對面的交鋒，還可能做出推心置腹、親密無間的姿態，使對手放鬆警惕，「引狼入室」。這種狐假虎威、賣友求榮、落井下石的「殺熟」之行，更能使陰謀詭計行之有效，體現出其致命性。

唐朝大奸李林甫與楊國忠之間，在權力欲驅動下，經過了勾結、交惡和爭奪幾個階段。

楊國忠剛入朝時，羽翼未豐，不得不在李林甫幕下充當打手，製造了「韋堅獄案」和「楊慎矜獄案」。事後，李林甫曾拍其背說：「合作得很愉快！」

其後，楊國忠隨著地位不斷上升，他的權力欲也不斷膨脹，不甘心再寄人籬下，就開始覬覦李林甫手中的相權了。

就李林甫來說，當初拉拔楊國忠，意在打倒太子，保護自己。他看中楊國忠背後有過硬的靠山，但誤認為這痞子沒什麼能耐，只能充當打手。然而，透過楊國忠對一系列冤案的處理，他終於看出自己原來的看法錯了。這個人不簡單，尤其在施展陰謀詭計方面，其狠毒絕不亞於自己。

「他也挺會琢磨人。」李林甫這樣說。他喜歡把玩弄或施展陰謀稱作「琢磨」。根據長期官場鬥爭的經驗，他意識到楊國忠的危險。特別是在楊國忠步步高升，威權日重之後，已經成為他的直接威脅。他知道，他得伺機剷除這個心腹之患。

楊國忠初時黨附李林甫，只把他當成一塊向上爬的墊腳石。現在自己羽毛漸豐，李林甫的存在不僅不必要，而且已成為自己向上爬，進一步擴大權力的障礙。於是，他主動攻擊。李林甫竟有收窮於招架。一些見風使舵的「能手」紛紛觀測風向，伺機改換門面。黨附李林甫多無的原京兆府法曹吉溫這時已改投楊國忠門下，並積極獻策，奏請由楊國忠兼兵部侍郎一職。

大奸楊國忠打擊另一大奸李林甫，所採取的手法是：剪其羽冀，斷其膀臂。

天寶八年（七四九年）六月，在楊國忠、古溫策劃下，李林甫的親信、京兆尹蕭靈坐贓左遷汝陰太守。

第二年四月，李林甫的另一親信、御史大夫宋渾坐贓巨萬，被貶流潮陽。

同年十月，楊國忠替武則天的倖臣張易之鳴冤叫屈。玄宗言聽計從，恢復了張易之的爵位。

由此看出，楊國忠說話的分量和他在玄宗心中的重要地位，這更使得他的膽子越來越大。

李林甫目睹自己的親信一個接一個被搞掉，就快搞到自己頭上來了，他怎肯坐以待斃，決意反撲。

恰在此時，南詔主閣羅鳳因不堪唐朝邊將欺凌，舉兵拒唐。而楊國忠所薦劍南節度使鮮于仲通率軍討伐，大敗，損失慘重。為扭轉局勢，玄宗於是命楊國忠兼任劍南節度使。

不久，閣羅鳳臣服吐蕃，與唐朝衝突加劇，威脅邊境安寧。李林甫馬上抓住此事，指責楊國忠無能。楊國忠不得不故作姿態，要親自赴滇處理，以便向玄宗表明自己對邊境事態的關切，並堵住李林甫的嘴．李林甫感到這正是剷除楊國忠的絕好機會，因而急忙奏請皇上，准許楊國忠赴滇。

楊國忠本來只是作作姿態，沒料到弄假成真，見生米已煮成熟飯，他也只好硬著頭皮上路。

臨行，楊國忠向玄宗哭訴，說李林甫這是藉機打擊他。楊貴妃也出面幫他說情。玄宗竟然輕信，安慰他：「處理完軍務就立即回來，我在這兒扳指頭等你。」

過了數月，玄宗果然召回楊國忠。

楊國忠一回朝，李林甫便有窮途末路感。眼下，他就像鬥敗的公雞，只有被宰殺的份了。因為精神壓力太大，他竟一下子病倒在床。楊國忠聞知，馬上到李林甫家探視，實際上是察看虛實。他見李林甫臥床不起，病得不輕，不由得喜上眉梢。

李林甫自知鬥不過楊國忠，且來日無多，不禁流下眼淚，說：「林甫將死，公必繼為宰相，以後多辛苦啦！」

楊國忠聽李林甫這個老狐狸說出這話，不知他葫蘆裡賣什麼藥，怕中他的奸計，所以心情非常緊張，竟然急得滿頭大汗，半天不敢答話。

不久，李林甫死去。楊國忠代之為右相，兼吏部尚書。

楊國忠去了心頭大患，奪取執政大權的目的達到了。可他對李林甫還是耿耿於懷，恨不得鞭屍解恨。他翻出舊帳，硬說李林甫與阿布思曾勾結謀反，且專找那些曾受過李林甫迫害的人出來作證。結果，李林甫罪名成立，人雖已死，仍被追奪官爵，廢為庶人，諸子貶謫嶺南。

2 驪姬栽贓置毒，誣告申生

小人為達目的，時常不擇手段，栽贓誣告只是其中之一，用來剷除對手，偶爾也會得到不錯的效果。不過，栽贓誣告時，必須注意拿捏分寸，以免適得其反。什麼樣的分寸才算恰到好處？當你所栽之贓、所誣之告，能讓人寧可信其有，不肯信其無，搞得被誣之人百口莫辯，甚至越描越黑，那就是了。

春秋時期，晉獻公出兵攻打驪戎，滅了驪戎之君，俘獲他的女兒驪姬，帶回國內。驪姬很有姿色，獻公想娶她為夫人。

那時候的人迷信，遇事都要占卜。卜人用龜甲占卜不吉，用蓍草占卜吉，結果截然不同。

獻公先已成竹在胸，就說：「還是信蓍草所卜。」

可卜人堅稱：「筮短龜長，不如從長。」

獻公哪聽得進去。於是，正式立驪姬為夫人。

驪姬還真爭氣，不久就生了個大胖小子，取名奚齊。隨嫁過來的妹妹不甘落後，也生了個兒子叫卓子。姊妹倆都有上乘表演，獻公愛她們愛得入骨。

大夫史蘇卻慧眼獨具，預見到一場爭奪太子的大戰已勢不可免，告誡諸大夫；「你們要加倍小心，這是禍亂之源哪！」

日後事態的發展，不幸為他所言中。

那時候，「子以母貴，母以子貴。」只有把兒子扶上太子的寶座，自己當上第一夫人，才能取得榮耀而尊貴的身分。為達此目的，驪姬絞盡腦汁，施展一系列陰謀詭計，把晉國攪了個天翻地覆，混亂多年。

驪姬畢竟是女流之輩，頭髮長，見識短。她先找貼心人優施商量辦法。

優施是獻公的戲子，因經常在宮中鬼混，便與驪姬眉來眼去，勾勾搭搭，弄到一塊去了。

有一天，驪姬問優施：「我想廢嫡立庶，怎奈申生、重耳、夷吾三公子不好對付，如何是好？」

優施獻計道：「太子申生是奪權的最大障礙，先拿他開刀，想法子把他搞臭，再用計把重耳、夷吾支走，離國都遠遠的，不就結了。」

優施教驪姬在深更半夜睡得正熱乎時，假裝抹眼淚，向獻公吹枕邊風。先給申生戴高帽，說他如何賢明能幹，如何寬厚愛民；然後話鋒一轉，來個綿裡藏針，軟中帶硬，透露出申生將要威脅君位的信息。再不行，就以哀動人，說是寧可讓獻公殺了自己，以保住國家的和平與安定。

這一招還真靈。獻公哪裡架住驪姬嬌滴滴讓人心碎的哭訴，早被一頓迷魂湯灌得摸不著東西南北了，趕忙安慰驪姬說：「夫人不必為此憂慮，我會想辦法解決的。」

下一步，驪姬送厚禮賄賂獻公兩個寵愛的大夫梁五和東關五，人稱「二五」的，讓他倆在獻公面前說曲沃是先君的宗廟所在，蒲與屈是與戎狄接壤的邊境重地，如何如何重要，應該派得力的人去鎮守。

經二五一頓胡謅亂侃，說得獻公君心大悅，言聽計從。於是，派太子申生去駐守曲沃，公子重耳駐守蒲城，公子夷吾駐守屈城，把三個人全打發走了，而且三個人分成三處，分散其力量。而獻公與驪姬的兒子奚齊住在國都絳。

晉國人由此知道，申生太子的地位保不住了。

太子申生，其母是齊桓公的女兒，叫齊姜，已死。重耳的母親是狄人狐氏的女兒；夷吾的母親是重耳之母的妹妹。獻公共有八個兒子，其中太子申生、重耳、夷吾都很有能耐。自從獻公娶了驪姬，聽信讒言，就疏遠了這三位公子。

驪姬又唆使獻公，讓申生率軍攻打戎狄，以便伺機抓住把柄，置太子申生於死地，但均未能得逞。

終於，驪姬下了殺著。

驪姬打著獻公的幌子，命令申生：「國君夜裡夢見先夫人齊姜，叫太子速去曲沃的齊姜廟上祭祀。」

申生是個孝子，聽說此事，二話沒說，立即去曲沃祭奠亡母，回來後將祭肉獻給父親分享。

這時正趕上獻公外出打獵去了，人不在，申生只好將祭肉暫放宮中。驪姬趁沒有人在，往祭肉裡下毒。

過了兩天，獻公打獵歸來，宰人把祭肉獻給他。獻公拿起來就要吃。

驪姬從旁勸止，說：「祭肉是從遠道來的，說不定變質了，先試試再吃。」

於是，獻公用它祭地，地皮馬上鼓起包來；拿給狗吃，狗立刻口吐白沫，倒地而死；給身邊的小臣吃，小臣也一命嗚呼。

驪姬見狀，頓時哭天抹淚地嚎叫道：「太子何其毒也！連父王都想殺了好取而代之，別的人更不在話下啦！而且國君已垂垂老矣，一個行將入墓之人，這麼幾天都等不了啦！」

轉而對獻公說：「太子之所以要毒死國君，不過是因為妾和奚齊的緣故。妾情願我們娘倆躲避到他國，或是自殺，也好過落到太子手裡，任人宰割。想當初國君打算廢掉太子，妾猶憐憫他；不曾想到今天，只能自個兒恨自個兒啦！」

太子一聽事情鬧大了，異常恐懼，就跑到新城去了。獻公聞知大怒，沒處發泄，殺了太子的師傅杜原款。

這時，有人給太子出主意：「毒藥分明是驪姬下的，太子為何不申辯明白，卻要背這個黑鍋？」

太子無可奈何地說：「父王年事已高，一天也離不開驪姬。沒有驪姬在側，他覺睡不甜，飯吃不香。如果我立即去為自己辯解，君父必會火冒三丈。這樣做，絕對不可以。」

還有人獻計：「可以逃到外國，遠離這是非之地呀！」

太子說：「我身被弒君惡名逃走，有誰會接納我？我只有自殺這條路了。」

申生終於自殺。驪姬如願以償，奚齊被立為太子。

申生自殺後，公子重耳、夷吾回來國都朝見父王。

這時，有人給驪姬通風報信；「二公子怨恨夫人誣陷太子而使之自殺。」

驪姬做賊心虛，怕老底被揭穿，內心十分恐慌，便死豬不怕開水燙，反咬一口：「申生往祭肉裡下毒，二公子知道，他們是同謀。」

二公子聞知，非常害怕，三十六計走為上，重耳逃往蒲，夷吾逃往屈，加強防備，嚴陣以待。

當初，獻公派大夫士芳為二公子修築蒲、屈二城，但沒修成。夷吾把這事報告獻公。獻公對士芳大光其火。

士芳謝罪道：「邊境少有敵寇來犯，築城有什麼用？」退朝後，自己作歌道：「狐狸毛的皮衣亂糟糟，一個國家三個公，弄得我無所適從！」終於把城修完了。

申生死後，這兩座城還真派上了用場。

獻公聽說二公子不辭而別，氣不打一處來，以為他們果真與太子同謀，便發兵攻打蒲城。蒲人之宦者勃鞮得令，敦促重耳快快自殺了事。重耳跳牆逃走。宦者追上，斬斷重耳的衣袖。重耳死裡逃生，跑到了翟。

獻公還派人討伐屈城，屈城嚴加防守，沒能攻下。

後來，獻公死了。大夫里克、邳鄭發動三公子的黨羽作亂，先後殺掉奚齊和卓子。夷吾回國即了君位。驪姬掀起這一場軒然大波，最終一無所得。

3 李林甫巧設陷阱害同僚

小人天生就具備設置陷阱的本事。他們會預先周密地安排、計劃，給異己挖好陷阱，設好圈套，之後再設法將異己引入陷阱之內、圈套之中。異己一旦中計，就像兇猛的老虎失去鋒利的牙齒一樣，失去反抗能力，只能任由小人宰割。

唐代天寶年間，宰相李林甫素有「口蜜腹劍」、「笑面奸相」之稱。他嫉賢妒能、仇視美好。任職宰相期間，頗得唐玄宗寵信，在朝廷內外飛揚跋扈，肆意妄為。他不僅對那些違逆自己的人進行兇狠的報復，對那些與自己相安無事卻因品德高尚、才能超群而受到皇帝器重的人也不放過，必欲打擊毀滅之而後快。

李林甫的這種陰暗心理不是沒有緣由的。他雖然當上了宰相，但他深知自己並非純粹憑才能走到這一步，面對那些德才皆備、器宇軒昂的正義之士，他常常因自己的才能低下而發自內心地自慚形穢。

這種卑瑣陰暗的心理助長了他巧施陰謀、布設陷阱的「智慧」，使眾多賢能飲恨而終。兵部侍郎盧絢便是其中一位。

盧絢修養高，風度清雅，儀態大方，處世縝密，很受同僚尊重。他深知李林甫的為人，平日裡只是敬而遠之，既不親近，也不得罪，從不指望進入李林甫的圈子，只求能夠相安無事，憑自己的能力做好本職事務，不負天子之所任，百姓之所望。但他哪裡知道，像他這樣的高潔之士，委實很難在奸臣當道的污濁官場中生存下去。

這年三月，唐玄宗見春色正好，興致大增，攜皇后、妃子登上勤政樓，垂簾觀看樂舞。正看得入神，猛然發現一位官員提鞭按轡，從樓下穿過，真是生得儀表堂堂，一舉一動都透著儒雅和瀟灑。玄宗自己生得相貌英俊，因而也特別喜歡儀容雅美的臣僚。這經過的官員，讓他不禁想起從前被貶出京的愛臣張九齡，而且覺得此人比張九齡風度更佳。想到這裡，玄宗忍不住脫口贊道：「真乃偉丈夫也！」

當時，玄宗雖被此人的風度所動，也不過是偶感一時，很快就忘記了。哪知，說者無心，聽者有意，這一幕竟被玄宗身邊的一個小太監注意到了。這小太監曾受過李林甫的賄賂，成為李的耳目，留心著皇帝的一舉一動，隨時向李報告。於是，這件事很快被李林甫知道了。

經過探詢，李林甫得知這位深獲皇帝讚美的官員正是兵部侍郎盧絢。他的眉頭緊皺起來：盧絢此次被聖上看中，今後是否會擢升高位，乃至威脅到我呢？想著想著，盧絢那張俊朗儒雅的面孔就在他的腦海浮現出來，一種強烈的嫉妒心理激得他怒火中燒，咬牙切齒。

很快，他就想出了將盧絢逐出京城的辦法。

李林甫命人找來盧絢的兒子，告訴他，聖上準備讓他父親遷往交州、廣州一帶為官。盧絢之子一聽到父親要被貶到那麼邊遠的地方，大為吃驚，不禁面露擔憂之色。李林甫見狀，假意說，念在盧絢平日勤勉的份上，他可以代為周旋，但至多也只能做個沒有職權的東宮屬官。盧絢之子心想，這總比被遷往邊疆任官來得好，於是回去稟報父親。

盧絢害怕被到交州、廣州一帶邊遠地區任職，只好聽從李林甫的「指點」，上書奏言自己年老，不堪重用。結果被罷去兵部侍郎之職，出任華州刺史。盧絢到任不久，李林甫又誣其藉口有疾而不理政事。玄宗對他的好印象一下子全沒了，改授為太子員外詹事。盧絢就這樣讓李林甫給玩完了。

4 武惠妃毒計廢太子

開元三年，唐玄宗立次子瑛為太子。太子的母親為趙麗妃，原本很受玄宗寵愛，瑛由此得到儲位。只可惜，趙麗妃受寵的局面終於發生了變化，武惠妃開始受寵，並為玄宗生下了壽王李瑁。玄宗對太子的寵愛不可避免地轉移到壽王身上。李瑛對此敢怒不敢言，只有忍氣吞聲，小心行事。但是，工於心計的武惠妃野心膨脹，意圖廢掉太子，由自己的兒子代之。這樣，她以後就是皇太后了。為了達到這個目的，她時刻籌思著有何妙計。一天，武惠妃召見太子李瑛、鄂王李瑤和光王李琚。

三人來到後恭立一旁。武惠妃讓三人坐下，關切地問起他們的生活起居。

過了一會兒，武惠妃忽然煞有介事地說：「太子可聽說過盜賊闖入宮中的事？」

李瑛一驚，連說不知。李瑤和李琚也連連搖頭。

武惠妃接著說：「這麼大的事，你們怎麼都沒聽說過？那天聖上看戲時，有盜賊神不知鬼不覺地偷走了準備賜給表演者的錦繡衣服，險些驚了大駕！我有一個裝蟋蟀的小金籠子，是皇上賜予，前幾天也不見了。」

李瑛問道：「盜賊有這麼大的膽子，敢到宮中行竊？」

武惠妃故作憂心地說：「丟幾件東西也不算什麼，關鍵是宮中的安全。太子殿下是大唐的未來，二王也身負重任，為了慎重起見，最好做些防護。若出了意外，可就不堪設想了。我雖然不是你們的親生母親，可心裡時刻掛念著你們呢！」

李瑛並不相信武惠妃的話，但他想到自己身為太子，肯定有許多人對此位虎視眈眈，加強防備確實十分必要。想到這裡，他和二王謝過惠妃，便回東宮去了。

此後，李瑛和李瑤、李琚果真加強了防範。他們穿上甲衣，增加了隨從，好像在時刻警惕著意外事故的發生。這一切，早就有人報告了武惠妃。於是，武惠妃向玄宗狀告太子和二王，說他們披甲入宮，似有異圖。

玄宗聽後十分震驚，他不相信太子和二王會做出大逆不道的事。武惠妃見玄宗不信，便說：「陛下如果不信，可派人暗中察看，真偽自明。」

為了弄清事實真相，玄宗派心腹太監暗中偵視。結果自然如武惠妃所言。玄宗聽了太監的彙報後大為震怒，大罵太子和二王，說他們不忠不孝，狼子野心。後來，經過一番思考，終於下了一道御旨，將太子瑛、鄂王瑤和光王琚廢為庶人。

這道無情的詔書一宣布，太子瑛、鄂王瑤和光王琚才知自己中了武惠妃的奸計。可是，他們有口難辯，只能又氣又恨地接受這一殘酷的事實。

5 體貼入微與百般蒙蔽

小人最精於在小事情上對主子忠心耿耿。一旦手握大權，就原形畢露。生活在皇帝身邊的小人，往往透過在生活方面把皇帝照顧得好好的，進而在國事上施展陰謀詭計，禍害社會。

明英宗正統十四年（一四四九年），一個仲夏的夜晚，皇宮大內仙樂飄飄、花影綽約，一片歌舞昇平的景象。年輕的英宗皇帝正手把金爵，雙眼迷離地觀賞著宮女們宛妙的舞姿。良辰美景、花好月圓，英宗深深地沈醉著。

回想起即位之時，年僅九歲，正是天真爛漫的童年，正該滿宮裡跑著玩，卻被眾人擺布著，當作偶像供奉起來，還教他說些莫名其妙的話，盡讓他做不喜歡的事，那時覺得當皇上真是一種痛苦。近幾年來，隨著年齡的增長，英宗逐漸體會出當皇上的樂趣了。整天前呼後擁，美人環繞；為所欲為，及時行樂。國事有王振代管，奏摺有王振代批，自己一點兒心都不必操，樂得做個神仙天子。

想到此，英宗將目光投向身邊的王振。這位教自己識字，伴自己長大，替自己分憂解難，對自己忠心耿耿的老太監，是最值得自己信賴的人。他突然感到一陣舒心的滿足與愜意。

正在這時，傳來一陣喧嘩聲。英宗向王振遞了個眼色。王振剛要出去看看是怎麼回事，卻聽一個聲音已高喊道：「有急務須面奏聖上！」英宗頓覺掃興，命王振出去處理。可是，那個人已擅自闖入，跪倒在英宗面前高聲奏道：「邊地告急。蒙古人犯我邊境，我軍抗敵不利，北部軍事重鎮大同受到嚴重威脅。請朝廷盡速派兵救援。」

英宗一聽，怒氣全消，驚得目瞪口呆。

這消息真如晴天霹靂，脆弱的英宗簡直受不住這個打擊。他又把目光投向王振，求援似地看著他。

其實，王振心裡比誰都清楚蒙古人為什麼入侵。

明成祖永樂年間被逐出中原的蒙古人又逐漸強盛起來，當時又稱作瓦剌人，與北方各族聯合，不斷在邊境挑起事端。王振聽說蒙古草原出駿馬，便指使心腹，鎮守大同的太監郭敬，每年製造大量箭矢，供給蒙古人侵略、擴張之用，換取蒙古良馬作為回報。王振暗地裡與蒙古人打得火熱；出於私情，在與蒙古人的國事交往中，對蒙古貢使給予最惠待遇，加禮優待。

明朝外交制度規定：蒙古每年到京來的貢使，人數不得超過五十人。而蒙古人為了多得賞賜，每年都多派貢使入京。王振只要蒙古人多給好處，也就睜一眼閉一眼，不在乎國家財物的流失，法規遭到破壞。

正統十四年，蒙古竟派了兩千人組成的使團赴京。這猶嫌不足，在上報人數時又多報了一千人，想冒領三千人的賞物。這次，王振因為不滿意蒙古人送給他的禮物，堅決不允蒙古人占便宜。他指示有關職官，按貢使的實際人數發給賞物，並拚命壓低蒙古貢馬的價格，僅付給應付錢款的五分之一。蒙古貢使又惱又羞，回去向太師也先大訴委屈。也先一聽，勃然大怒，決意報復，便糾集諸部，招募了兩萬騎兵，親自掛帥，舉兵南犯。

蒙古人本就驍勇善戰，此次更是兵精馬壯，士氣高漲，不幾日，已長驅直入，勇不可擋，明朝邊防軍節節敗退，北部軍事重鎮大同成為虎口之食。於是邊報頻傳，連連告急。

王振為了掩飾自己的罪責，恨不能趕快平息這場戰亂。但他對軍事一竅不通，竟異想天開地慫恿英宗御駕親征，以天威震懾也先，迫敵退兵。英宗也認為自己是真龍天子，定能馬到成功，便急於一顯身手。他也不與朝臣商量，輕率地做出了決定，下旨詔示群臣。

文武朝官聽到御駕親征的詔令，萬分吃驚，其程度不亞於接到邊地告急的情報。

兵部尚書鄺野、侍郎于謙及吏部尚書王直苦勸英宗千萬不要親自率兵出征，其言發自肺腑，入情入理，「天氣炎熱，旱氣未回，青草供應不足，水泉阻塞，人畜所需，確有困難。況車駕遠行，四方急奏，不能既達。其它不測之禍，亦難保必無。」請求英宗選派幹將援救大同。

可是，英宗誰的話都聽不進去，只受王振一人蠱惑，當即下令：「如有再進諫者，殺無赦！」

第二天，英宗聚集了五十萬人馬，帶著一百多名文武官員，倉促起程。

由於備戰不足，指揮不利，明軍在行進過程中幾次出現嚴重失誤，兵部尚書鄺野被亂軍擠下戰馬，跌成重傷；不少軍士因糧餉供給跟不上，活活餓死；加之不斷傳來前線戰事不利的消息，軍心渙散，士氣頹喪。

隨駕大臣幾次懇請英宗回鑾，都被王振阻止。他不僅當面辱罵勸駕的大臣，還罰他們跪在草地上「反省認錯」。

好不容易到達大同，卻聽說周圍有伏兵。貪生怕死的王振慌忙傳令軍隊撤出大同。數十萬人馬爭相撤退，軍容大亂，自相踐踏。也先趁機奮起追擊。

王振初命令軍隊向他的家鄉蔚州撤退。他打算藉此機會，讓英宗及文武官員看看他在家鄉建造的富麗堂皇的宅院，炫耀一下自己的權勢。走著走著，他又後悔起來。

他想到幾十萬兵馬遠道而至，又缺少糧草，到了蔚州，難保不拿他家莊田裡的莊稼充饑。於是，他又命令改道東行，急奔宣府。

王振把五十萬大軍呼來喚去，使兵士疲憊不堪，滿腹怨言。更糟的是，貽誤了軍機，為敵人爭取了時間。明軍退至狼山，便被也先追上。為了掩護英宗撤退，成國公朱勇率領三萬勇士奮勇抗敵，不幸陷人重圍，為國捐軀。

王振跟著英宗逃命，逃到離懷來縣城約二里的土木堡，突然發現載有自己私人財物的一千多輛軍車尚未跟上。為了自己那些搜刮來的東西，他不顧皇上及數十萬將士的安危，下令就地宿營。大臣們進言應該入城，王振將意見壓下不報英宗。

只一夜工夫，也先就率兵逼近，他控制了土木堡周圍的交通要道，包圍了英宗和明軍。

土木堡地勢高，缺少水源，幾十萬明軍饑渴難耐，咽喉冒火，士兵們怨聲載道，罵不絕口。王振見局面有些失控，害怕有人拆穿他的底細，就嚴禁眾臣接近英宗。他和幾個心腹寸步不離英宗左右，把英宗嚴嚴地蒙在鼓裡。

蒙古兵發動了幾次進攻，都被明軍擋了回去。也先感到兵力有些不足，便使用計謀，企圖智取。他派人前去與明軍講和。走投無路的王振毫不懷疑此中有詐，當即滿口答應。趁明軍放鬆警惕之際，也先指揮蒙古騎兵殺入明軍陣營，將明軍殺得落花流水。毫無準備的明軍暈頭轉向，頃刻間，數十萬大軍全線崩潰，個個抱頭鼠竄，哭爹叫娘，爭相逃命，又有許多人互相踐踏而死。半數以上的將士死在亂營之中，剩餘的二十幾萬人馬連同作戰物資、武器裝備，統統成為也先的俘虜和戰利品。

眼見幾十萬大軍毀於一旦，英宗及隨行的文武官員失聲痛哭。護衛將軍樊忠怒火中燒，一手揪住禍首王振，掄起鐵瓜錘，狠命向王振頭上砸去，頓時砸得王振腦漿迸裂。王振罪有應得。但是，那些無辜的死難者卻已無法起死回生了。

戰況萬分危急，英宗在衛士護衛下，幾次想衝出重圍，都未成功，英宗絕望之下，索性下馬，面南而坐，準備束手就擒。

土木堡之戰，明朝五十萬精兵煙消雲散，從征的一百多名文武朝臣幾乎全部戰死沙場，英宗也被蒙古人生擒活捉。這是有明建立以來首遭的奇恥大辱。之所以造成這一敗局，全因英宗昏庸，誤信了表小忠售大奸的太監王振。

6 「忠心耿耿」地欺騙上司

小人善於揣摩上司的意圖，不管上司的決策如何錯誤，只要與我有利，便積極支持，馬上落實，看似對上司忠心耿耿，實質上最後總會把上司推向滅亡。

汪伯彥，字廷俊，徽州祁門（今屬安徽）人，進士出身。因向北宋朝廷獻河北邊防十策，以直龍圖閣的身分知相州（今河南安陽）。

金國因垂涎河北三鎮的土地，向宋廷提出以康王趙構為人質進行議和。十九歲的趙構奉旨離京北行，一行人來到磁州（今河北磁縣），見到磁州守臣宗澤。宗澤認為金人一向言而無信，詭計多端，只怕康王到了金國，金人又生出什麼新的伎倆，造成不測，因此竭力勸止康王繼續北行。當時金人充斥四野，每日都有數百名甲兵來到城下，康王所在也常能看見金人的蹤跡，趙構因此對出使金國心存畏懼。

這時汪伯彥也送來帛書，請康王回到相州，並親率部眾，一路風塵僕僕遠道相迎。趙構十分感動，當場許諾：「他日小王得見聖上，一定首先薦公為京兆。」這句話便奠定了汪伯彥日後受恩得寵，青雲直上的錦繡前程。

再說京城汴梁，金兵的侵襲騷擾更加變本加厲，日勝一日。欽宗無奈，遣使到相州，封康王趙構為河北兵馬大元帥，陳亨伯為元帥。趙構踐其諾言，讓汪伯彥與宗澤同為副元帥，然後與眾人商議大軍去處。眾人意見紛紜，各執一端。有人以為應向北挺進，與金兵決戰；有人以為應退至江南，以求保全。趙構很害怕打仗，不願向北挺進。汪伯彥窺破了他的心思，就說：「非出北門濟子城不可。」此言正中趙構下懷，他高興地說：「廷俊之言有理。」於是引兵渡河，由鄆州、濟州到南京。康王又上奏欽宗，請封汪伯彥為集英殿修撰。

這時欽宗又下詔書與趙構，說金人正準備與宋朝議和通好，康王將兵在外，不要輕舉妄動。汪伯彥表示，應嚴格遵守皇帝諭旨。宗澤卻一針見血地指出：「金人狂譎不可信，表面求和通好，實則想施緩兵之計。如果我們相信金人之言，那日後必悔之晚矣。我以為應及時進兵。」

汪伯彥覺得宗澤總與他意見相左，對他今後的晉升威脅甚大，應該把他趕離康王左右。於是他對康王說：「宗澤英勇善戰，可命他領一支人馬到開德、衛南一帶作戰，保衛王爺安危。」

就這樣，宗澤離開了元帥府。康王將黃潛善召到身邊，任為副元帥，大軍安然不動，靜觀其變。誰知不久傳來消息，金兵攻破京城，徽、欽二帝被俘，張邦昌僭位代主。趙構聞聽，一時哭得涕泣滂沱。

建炎元年（一一二七年），趙構在南京登基稱帝，即宋高宗。主子當了皇帝，汪伯彥獲任知樞密院事，不久再拜右僕射。高宗初登帝位，無疑給中原百姓和許多愛國將士帶來一線中興的希望，於是萬眾矚目，希望他不負民望，收復中原，救回二帝。高宗自己也一度雄心勃勃，躍躍欲試。汪伯彥與黃潛善之流卻十分恐懼，一旦主戰派占了上風，朝廷中將很難有自己的立足之地。到那時，無權無位，何得專權自恣，為所欲為。他們抓住高宗也有些害怕二帝回來之後，自己當不了皇帝的心理，極力慫恿議和。汪、黃狼狽為奸，開始對主戰派的中堅人物進行迫害和排擠。

他們第一個要擠出朝廷的是右丞相李綱。

李綱一向以驅除金敵為己任。徽宗宣和七年（一一二五年），金兵毀盟，他曾刺臂寫下血書上疏，請徽宗禪位太子，以號召天下。欽宗即位後，他還是堅決主戰，反對遷都。並以尚書右丞為親征行營使，積極備戰，逼使金軍撤退。高宗稱帝，他上議國、議巡幸、議僭逆、議偽命、議戰、議守等十議，主張遷都關中，以示不忘故都，從而使天下歸心；並要求剷除汪伯彥、黃潛善等奸佞，處死張邦昌，以振民因士氣。

這一系列主張直接或間接地威脅著汪伯彥的個人利益，使他寢食難安。他在皇帝身上找到了突破口，迎合高宗懼敵的心理，力主南遷，駁斥李綱建都關中的主張是要把皇帝置於險境，不為天下黎民著想。高宗深以為是，從此對李綱心懷不滿。

這時，李綱又上疏高宗，請求朝廷派官招撫失地的百姓和一些自發組織的抗金隊伍，以擴大抗金戰力，並舉薦張所為河北招撫使，王奕為河東經制使，傅亮副之。

汪伯彥趕快和黃潛善密謀，藉此機會彈劾李綱。他們先指使黨羽陷害張所，又誣告傅亮未立刻渡河，無故逗留，貽誤軍機。

李綱看出兩人「醉翁之意不在酒」，就向高宗申述：「設置招撫司、經制使是微臣向陛下建議，張所、傅亮也是臣所舉薦。汪伯彥、黃潛善憑空誣陷張所、傅亮，分明是指斥臣。臣常以靖康年間大臣失和、朝無定策，以致國敗家亡為鑑，遇事先與汪伯彥、黃潛善議而後決。二人反與臣相逆，臣舉足無地，懇請致仕歸田。」

高宗向來耳軟心活，聽了李綱的話，也不知如何是好，又與汪、黃二奸商議。汪伯彥與黃潛善又攻擊李綱招兵買馬，心存不軌，應早去為快。高宗終於堅信不疑，一舉罷免了李綱。一時天下大悲而汪、黃二人獨喜。

趕走了李綱，汪伯彥拔除了一個眼中釘，他又把目光投到老元帥宗澤身上。前面已經說過，汪伯彥曾設計將宗澤趕離了趙構左右。趙構稱帝以後，宗澤以為中興有望，激動得老淚縱橫。他晝馳夜奔，趕到南京，滿懷熱忱地向高宗陳述興國大計。汪伯彥惟恐高宗為之心動，立刻和黃潛善巧言遊說，百般污蔑，然後勸高宗封宗澤為龍圖閣學士，出知襄陽，明升暗降，再次把他趕離趙構身邊。

不久，宗澤又上疏高宗，請求高宗明察是非，罷黜奸黨，勤政保民，中興王室。汪伯彥與黃潛善十分惶恐，覺得不除宗澤，永無寧日。他們加緊謀劃，說宗澤功高蓋主，不可重用，否則難保他不會蠱惑民心，反叛朝廷。還派人暗中監視宗澤，利用職權，扣押宗澤的奏摺，使這位老英雄報國無門，以致憂憤成疾，最終含恨九泉。

李綱被罷，宗澤又去，汪伯彥更加無所顧忌，和黃潛善一道誤國專權。繼而，金人攻進陝西，東京、山東一帶盜賊猖獗，天下一片混亂。汪伯彥和黃潛善卻粉飾太平，匿而不報。高宗被蒙在鼓裡，兀自逍遙取樂。

建炎九年（一一三九年），汪伯彥出知宣州。臨行前，與高宗話別。這時，高宗對秦檜說：「伯彥是便佞之官，免不了眾說紛紜。」又補充說：「伯彥是朕未登基時的舊僚。想那漢朝的高祖劉邦、光武帝劉秀都不能忘卻豐沛與南陽的故交，這本是人之常情，朕又豈能免過？」

汪伯彥感念龍恩，唏噓不止。後來他又向高宗獻他所著的《中興日曆》五卷，被拜為檢校少傅、保信軍節度使。一直到死，他都深得高宗寵信。高宗始終不能醒悟，正是這樣一位「忠心耿耿」的故人像螞蟻一樣，一點一點毀潰著大宋的千里之堤，從而加速了它終將塌倒的日程。

7 袁世凱大耍兩面派

一八九八年，以康有為、梁啟超為首的維新派，在中國掀起轟轟烈烈的維新變法運動。他們的主張得到光緒帝的支持。但光緒沒有實權，慈禧太后控制著朝政。光緒想借助變法，擴大自己的權力，鞏固自己的統治地位，打擊慈禧的勢力。慈禧感覺到自己的權力受到威脅，因而對維新變法橫加干涉。於是，這場變法運動實際上成了光緒與慈禧的權力之爭。

在這場爭鬥中，光緒感到自己的處境非常危險，因為用人權和兵權均掌握在慈禧手中。為此他憂心忡忡。有一次，他寫信給維新派人士楊銳：「我的皇位可能保不住！你們要想辦法搭救。」維新派為此都很著急。

正在這時，榮祿所屬，新建陸軍首領袁世凱來到北京。袁世凱在康有為、梁啟超宣傳維新變法的活動中，明確表態支持。所以，康有為曾經向光緒推薦，說他是個瞭解洋務又主張變法的新派軍人，如果能把他拉過來，榮祿與慈禧的力量就不足為懼了。光緒認為變法要成功，非有軍人支持不可，於是在北京召見了袁世凱，封給他侍郎的官銜。

為救光緒脫出困局，康有為等人經過商議，皆認定，只有除掉榮祿一途，而能夠完成此事的人只有袁世凱。為解處於倒懸之命運，譚嗣同決定親自去見袁世凱。

在北京法華寺的一間寓所裡，譚嗣同深夜密訪袁世凱。譚嗣同言辭急切，頻頻發問，似乎想透過應對的言辭，盡快摸清對方的底。袁世凱則像早已揣摩到譚嗣同所想要的東西似的，順著對方的意從容應對，契合得連一點破綻也看不出。

譚嗣同問：「你認為皇上是個怎樣的人？」

袁世凱答：「是曠代少有的好君主。」

譚嗣同問：「天津閱兵的陰謀，你知道嗎？」

袁世凱答：「有所聞。」

見袁世凱的態度還挺忠實，譚嗣同迅即拿出皇上的密詔，說：「今日可以救聖主的只有你了！」然後手撫著頸，作殺頭狀，續道：「如果你不想救，那就請到頤和園去告發我！這樣，你也可以獲得富貴。」

袁世凱正色厲聲道：「你把我看成什麼人了？聖主是我們所共同侍奉的主人，你和我都受過皇上不同一般的恩待，救護之責，不只是你，我也願忠心相隨。」

譚嗣同說：「榮祿企圖在天津閱兵的時候，依靠你、聶士成、董福祥的軍隊逼皇上退位。聶、董不足道，天下最勇猛健武的只有你。如果事變發生，希望你以一軍對付聶、董兩軍，保護聖主，恢復大權，清君側，肅朝廷，成就世代少有的功業。」

袁世凱答：「皇上閱兵時如疾馳入我軍營中，傳殺奸賊的號令，我一定跟從你們，竭死力以效命。」

譚嗣同問：「榮祿待你很厚，你要怎樣對付他？」

袁世凱笑而不答。

譚嗣同又激將道：「榮祿具有曹操、王莽那樣的才能，是絕世之雄，你要對付他，恐怕不容易吧？」

袁世凱怒目道：「如果皇上到我的軍營，那麼殺榮祿就像殺一條狗一樣容易。」

經過一番交談，譚嗣同見袁世凱句句皆言忠於皇上，緊張焦慮的心情稍緩，一線希望油然而生，一改原先咄咄逼人的氣勢，轉以親切的語氣，與袁世凱商量具體的行動計畫。最後，袁世凱說：「現在軍營中的彈藥、槍枝都在榮祿手裡，營哨各官亦多屬舊人。事情緊急，決策既已下定，我得趕緊返回軍營，更選將官，設法貯備彈藥，以保證事情能夠成功。」

譚嗣同聽後覺得在理，連忙告辭，滿懷喜悅地回去報信。他絲毫沒有預料到，充滿殺氣的魔鬼正把魔爪向他們伸來。袁世凱剛才與他的談話完全是在演戲，他與維新派根本上就不是一條船上的人。他以前參加維新活動，純粹是進行政治投機，為日後的仕途增加一條進退之路罷了。

試想，如果維新派得勢，憑他參加維新活動這一點，說什麼他也不會吃虧的。如果維新派失敗，那更不會損他一根毫毛。因為他暗裡明裡與榮祿、奕劻、李鴻章等來往密切，憑此他就可輕而易舉地抽出身來，甚或來個反戈一擊，立功進身就更容易了。因此，他與新舊兩派總是保持著親近的關係，讓他們都覺得自己是他們的人。

光緒為了籠絡他，於9月16日早晨召他進宮，任他為侍郎候補。袁世凱雖然高興，但又怕引起頑固派的懷疑。下午，他就急匆匆地去拜訪兵部尚書剛毅，軍機大臣、戶部尚書王文韶和軍機大臣、禮部尚書榮祿，小心翼翼地說自己「無功受賞，萬不克稱」，要上疏懇辭。王文韶安慰他，說這是皇上的特恩，「辭亦無益，反著痕跡。」這樣，他的心才安定下來。

17日早晨，他到頤和園向光緒謝恩。可是，他前腳剛出來，後腳馬上又邁進反對變法的奕劻的門檻。第二天又去了一次，並拜訪了李鴻章。

經過三天的走訪和觀察，袁世凱終於探清了光緒不過是個傀儡，徒具虛名，沒有一點實力，他所推行的變法必敗無疑；而頑固派則擁有實權、兵力，並且堅決反對變法，打擊維新派易如反掌。再說，他深知，他手下只有七千兵力，榮祿則掌握董、聶各軍數萬人，淮、練軍幾十營，京內尚有旗兵，就算自己站在維新派一邊，根本就不是他們的對手，殺榮祿談何容易。經過一番考慮，他已經死心塌地地倒向頑固派一邊。但他很詭祕，毫不聲張，繼續與維新派周旋，以便探到維新派更多的祕密，好伺機出賣，取得頑固派的信任，為以後升遷撈到好處。此時他與兩派保持的就再也不是對等關係了。

譚嗣同當然不知道，他的來訪，把維新派的真實意圖及處境全都和盤托出，無異於向袁世凱提供機密情報。光緒和維新派的命運不是平安，而是更危急了……

送走譚嗣同時，袁世凱還表現得極為客氣和友好，再三表示同心協力，共救聖主。到了傍晚，他就匆匆趕回天津，直奔總督衙門，向榮祿告密，並造謠說，維新派企圖把慈禧囚禁起來。榮祿聽後大吃一驚，顧不了多說什麼，連夜回京，將危急之情告知慈禧。慈禧得知，又氣又恨，內心中早存的對光緒的不滿急速升騰。

21日早晨，慈禧發動宮廷政變，宣布重新訓政，囚禁光緒於南海之瀛臺。瀛臺四面環水，僅有一橋相通，派去的太監都是李蓮英的爪牙，光緒不僅失去了一切自由，而且與外界完全隔絕。25日，慈禧又宣布光緒有病，陰謀加以廢除，另立皇帝。譚嗣同與俠士王五曾圖謀救出光緒，可惜沒有成功。

24日，慈禧下令搜捕維新人士，京城一片恐怖。譚嗣同在援救光緒失敗後，日本人曾勸他逃跑，但他堅決不聽，反而慷慨陳辭：「各國變法，無不從流血而成。今中國未聞有變法而流血者，此國之所以不昌也。有之，請自嗣同始。」

維新派代表人物，除了康有為、梁啟超逃脫外，譚嗣同、林旭、康廣仁、楊銳、劉光第、楊深秀全都被捕，並於28日被殺於北京菜市口。臨刑前，譚嗣同大聲高呼：「有心殺賊，無力回天。死得其所，快哉快哉！」說得何等悲壯。「戊戌六君子」以自己的滿腔熱血，譜寫了一曲深沈而又悲壯的歷史挽歌。他們死得壯烈又死得悲哀。悲哀的是，直至宮廷政變之後，他們才看出袁世凱的真面目。

與此恰成對照的是，袁世凱官運亨通。慈禧令將他所屬的新軍擴充為武衛中軍，賞他在西苑門內騎馬，升為工部右侍郎。

可接著不久，社會上就流行著這麼一首新歌謠：「六君子，頭顱送，袁項城，頂子紅，賣同黨，邀奇功。康與梁，在夢中，不知他，是梟雄。」

變臉的小人慣會當面一套，背後一套；過河拆橋，不擇手段。他們很懂得什麼時候搖尾巴，什麼時候擺架子；何時慈眉順目，何時如同兇神惡煞一般。他們在你春風得意時，即使不久前還是「狗眼看人低」，馬上便會趨炎附勢，笑容堆面；而當你遭到挫折，風光盡失，他們會立刻避而遠之，滿臉不屑的神氣，甚至會落井下石。袁世凱這類奸雄式的小人，為邀功請賞，飛黃騰達，更不惜讓人掉腦袋。

8 危險的親信

先秦時代，宋平公十分寵愛妃子棄，和她生下公子佐。公子佐長得十分難看，讓人一看就產生反感，但其心地異常善良，性情十分溫和。相形之下，宋平公的太子痤雖然生得英俊，但心地兇狠，對待臣下很粗暴。正因為兄弟之間性格的這種反差，使得朝中大臣都比較喜歡公子佐，而討厭太子痤，這其中也包括左師、向戌等一些朝中舉足輕重的人物。

朝臣對太子痤的厭惡情緒很快被寺人（太監）伊戾察覺。伊戾是太子的內師，很受太子信任。但太子雖然信任他，對他卻又時常橫暴以待。伊戾很想尋機謀取更大的權力，因此內心裡逐漸滋長起廢除太子的念頭。他意圖利用向戌等大臣對於太子痤的厭惡情緒，設下陷阱廢掉痤，改立公子佐為太子。這樣，事成之後，他就是理所當然的有功之臣。於是，伊戾和向戌等人暗中透風，彼此心中很快有了默契。

宋平公二十九年秋天，楚國使者到晉國訪問，途經宋國。太子痤與這位使者是老朋友，因此向平公請求，在郊外設宴招待楚使。平公答應了他的請求。

這時，伊戾心中閃過一計。他要求陪同太子一起前往。平公大感奇怪，問道：「你不是嫌太子有時對你不尊重嗎？」伊戾裝出嚴肅又忠誠的樣子，回答：「小人侍奉君子，受寵愛不敢親近，受討厭不敢遠離。我侍奉太子，哪敢三心二意呢？」這番話不僅說服了宋平公，也讓太子痤大為感動，打消了對他的疑慮。

於是，伊戾就陪太子座一同前往郊外。

到了相會的地點，太子座忙著招待賓客，伊戾趁機暗中讓人挖了個坑，在坑內殺了使者，又把事先偽造好的盟書放在使者的屍身上面，使人看似盟誓的樣子。

把這一切做好之後，伊戾馬上驅車疾速返回國都，向平公誣告太子說：「報告陛下，我隨太子前往設宴地點，竟發現他早已和楚人勾結，準備犯上作亂，殺君自立。現在，他們已經歃血結盟啦！」

平公不信：「他是太子，早晚即位，怎會殺我自立？」

伊戾添油加醋：「太子雖然年輕，但他早就想當國君，已經迫不及待啦！」

平公於是派人前去查看。派去的人回來報告說，確有此事，太子已和楚人結盟，此時正爛醉如泥。平公雖然生氣，但還是不敢大意，向寵信的大臣向戌等徵求意見。

向戌和伊戾早已心照不宣，於是不失時機地稟奏：「我也確實有所感覺，並聽到朝廷中有這樣的傳言，只是不敢相信。不想，竟真是這樣。」

有了向戍的表態，平公就對伊戾的話信以為真了，一怒之下，把太子痤囚禁起來，準備淩遲處死。

太子痤被伊戾誣陷，身陷囹圄，此時又恨又悔，但還存著一絲希望，讓人請公子佐去向平公求情。他自言自語地說：「如果到了中午，公子佐還不回話，那我就必死無疑了！」伊戾得悉，知道公子佐性情善良，一定會為太子求情，就趕緊通知向戍。向戍得報，趕緊把公子佐請到自己府中，尋找話題，說個沒完，故意拖住他。中午已過，太子痤見公子佐沒有回音，就以為平公不同意赦免自己，於是懸梁自盡。公子佐很快被立為太子。不久，平公逐漸瞭解到事情的真相，發現伊戾的真面目，對自己冤殺太子痤十分悔很。很快，伊戾也被處死。

像伊戾這樣的小人，身為太子的老師，受到太子的信任，在平公面前也是一副忠心耿耿的樣子，誰會想到這副忠義之相底下藏著一顆陰險毒辣的報復之心？太子痤縱然兇惡，但他門戶大開，一切都露在外面，看清楚後再加意提防，其實並不可怕。伊戾呢？他的外在形象和內在本質完全是兩回事，直到他最終向太子發難，才露出他的真面目。在我們的生活中，這樣的人和事不乏其例，特別是有一些人還一向被我們認作是知心的朋友、同行的戰友，其結果卻證明我們把自己的一腔熱情和信任全拋給一個隨時準備暗算自己的死敵。

9 讓皇上閉目塞聽，外事不知

開元二十五年（七三七年），李林甫召集朝廷所有諫官，恐嚇道：「明主在上，群臣順服還來不及，有什麼好議論的？你們不都見過立仗馬嗎？他終天不叫不喚，還能得到豆子，填飽肚皮；一叫喚，主人就要趕牠走，得不到豆子吃了。」

李林甫明目張膽，以威勢封緘群臣之口，企圖造成萬馬齊暗的局面。

對其所為，補闕杜璡才不買帳，堅持上書言事。李林甫早想殺一做百，尋找對象，不想來了個自投羅網的人。

第二天，李林甫就將其黜為下令。群臣震慄。

此後，諫爭之路絕。

李林甫又收附爪牙，廣布耳目，培訓一批諫官的「諫官」為自己服務，嚴密監視朝內外各級大小官吏，防止有人仗義直言，揭發他的奸惡行為。

天寶八年（七四九年），咸寧太守趙奉璋告李林甫罪二十餘條。狀本送達，李林甫已知，立即迫御史將其逮捕，以妖言惑眾，當場杖殺於堂上。

從此，「朝廷之士皆容身自保，無復直言。」

其次是攬權。

所有文武官員都由李林甫任命。自然，不聽他話的人都被這一關篩選掉了。他消除異己，「公卿之進，有不出其門者，必以罪去之」，以「蔽塞人主視聽」。開元二十七年（七三九年），李林甫安排牛仙客為兵部侍郎兼侍中，自己為吏部尚書兼中書令，二人一文一武，總文武選事。這樣，就將文武官員的增補銓選大權都攬在手裡了。

再次是惟恐奸情戳穿，改變取士之路。

唐代從太宗貞觀年代起，即有皇帝「面試取士」之舉，漸而形成制度。天寶六年，玄宗遵循祖制，下詔廣求天下之士，命通一藝以上皆詣京師，應試對策聽選。李林甫害怕「草野之士對策斥言其奸惡」，就欺騙玄宗，藉口：「舉人多卑賤愚聵，恐有俚語污濁視聽。」玄宗聽信，便放棄了親自過問選事的最後一部分「對策」取士的權利。

李林甫乃按常規科試，「令郡縣長官精加試練，灼然超絕者要尚書覆試，御史中丞監之。」經他精心安排，貌似嚴格公正，結果「無一人及第。」李林甫反而向玄宗表賀「野無遺賢」，巧妙地阻斷了對策之路。

李林甫一方面在進諫之路上作文章，另一方面以「養君欲」餵飽皇上的胃口。他極力幫助皇上「超脫」，從生活上儘量迎合他的嗜慾。

宮中美女武惠妃死，玄宗霸占了兒媳壽王妃楊玉環。李林甫身為宰相，卻緘口無語。楊玉環天生麗質，傾國傾城，回眸一笑百媚生，從此玄宗不早朝。史書載，自是「玄宗深居燕適，沈蠱衽席，主德衰矣。」

玄宗晚年「慕長生」不老，尊道教。李林甫投其所好，「請舍宅為觀，以視聖壽」取悅主上。

宮中用度不足，李林甫為了保證供給皇上的消費，乃「謀增追道粟賦及和糴以實關中，數年蓄積稍豐。」

這種輕易改變經濟法令，增加農民負擔的措施，玄宗反而高興地說：「朕不出長安近十年，天下無事。朕欲高居無為，悉以政事委林甫，何如？」

這樣，李林甫在玄宗面前「恩寵莫比」，「帝食有所甘美，必賜之。嘗詔百僚閱歲於尚書省，既而舉貢物悉賜林甫」，並派車送到其家中。至此，李林甫田宅無數，車馬衣服靡，妻妾成群，侍姬盈芳，富貴時人莫比。

10 藉口分擔皇帝之憂，實質要行皇帝之權

劉瑾，本姓談，陝西興平人，自幼品質惡劣，黠猾無賴。為圖富貴，竟自閹其身，投在一劉姓太監名下，改姓劉，混入宮中。後被分去服侍太子朱厚照（即武宗），因能曲承其意，博得太子的寵愛。太子即位後，更受重用。

武宗性好遊樂。劉瑾體會他的心意，備加殷勤，導其淫樂，不是進獻歌妓舞女、鬥雞走狗，就是引他出城遊獵，弄得他的心裡十分舒服。於是，劉瑾被提升為禁衛軍總督，掌握了宮廷衛隊的指揮權。

劉瑾強徵民地、夫役，為武宗建造宮殿，又多方巧取豪奪，搜羅財物，供武宗享樂，並欺壓凌辱大臣，弄得朝野上下一片不平之聲，孝宗時期好轉的一點政治局面又開始急速滑落。

朝中正直之士眼見國事不堪，上書彈奏劉瑾等人，要求武宗親賢臣，遠小人，朝中大臣有一多半簽了名。

武宗見劉瑾等犯了眾怒，退朝之後，竟愁得嗚嗚痛哭起來。

王岳等太監對劉瑾早已不滿，趁機督促武宗處置劉瑾。武宗只好擬旨把劉瑾貶往天津。

但群臣對這一決定強烈抗議，認為處置太輕，一致要求處死劉瑾等人。武宗無奈，又擬第二天處斬劉瑾等人。

決定尚未做出，劉瑾早已得了消息，連忙率領一群宦官跑到武宗面前，把頭磕得咚咚直響，一邊哭求，一邊傾訴：「除去了我們這些人，不知道皇上還能信任誰？」

武宗一想，除了劉瑾等人以外，確實並無心腹之人。想到這裡，他來了個急轉彎，大筆一揮，下旨讓劉瑾掌管司禮監，馬永成掌管東廠，谷大用掌管西廠。

劉健、李東陽等大臣早已下了決心，誓死除掉劉瑾等人。他們以為第二天早朝時，武宗會下旨殺了劉瑾等人，誰知一夜之間，形勢全變。第二天早朝，聖旨一出，朝臣個個目瞪口呆。劉健、李東陽見事已不可挽回，當即上表辭職。武宗留下李東陽，放劉健歸田去了。

劉瑾在京城胡作非為，他的心腹黨羽在全國各地也橫行不法，引得天怒人怨。

正德五年（一五一〇年）夏天，明宗室安化王朱真理受劉瑾黨羽逼迫，殺了此人，起兵反叛，嶺檄文聲討劉瑾。武宗派都御史楊一清帶兵平叛，命張永做監軍。張永雖屬「八虎」之一，但劉瑾專權，他日益感到不滿。

平叛之後，張永拉住楊一清的手說：「此次平叛，全仗你的威德。如果發生內亂，又該怎樣呢？」楊一清遲疑不敢答。張永就在手心裡寫一「瑾」字。楊一清會意，兩人心意相通。

劉瑾聽信相士之言，說他的幾個侄孫輩皆有帝王之相，就籌劃謀反。張永對這一切有所耳聞，只是無由達知武宗。

在平叛大軍班師回朝之時，武宗為楊一清、張永舉行慶賀宴會，一直喝到了深夜。此時，劉瑾有事先回去了。張永趁機向武宗奏明劉瑾的十七條罪狀及謀反日期。

武宗尚不在意，醉醺醺地說：「今日無事，明日再說吧！」

張永說：「明日不僅我們成了齏粉，陛下也成了齏粉了。」

武宗還不在意。恰在這時，一個太監奔入報道：「萬歲，大事不妙，劉瑾要謀反了！外人多半已經知曉，只瞞著陛下呢！」武宗一驚，嚇醒了酒，立刻派張永率禁軍去捉拿劉瑾。

張永率禁軍出東華門，包圍了東廠劉瑾的家，假稱皇上急詔，把劉瑾賺出，當即捆綁起來。

第二天，武宗並沒有將劉瑾殺頭，只送他到鳳陽居住。但抄家時的發現卻不能不讓昏庸的武宗清醒了。

抄劉瑾家時，得金二十四萬錠又五萬七千八百兩，元寶五百萬錠，一百五十八萬三千六百兩，寶石二斗，奇珍異寶不計其數。這還罷了，更有偽造玉璽一枚，八爪龍袍四件，蟒衣四百七十件，衣甲千餘，弓弩五百。劉瑾經常持在手裡的扇子，扇柄上竟藏有兩把匕首。

武宗見了這些，驚出了一身冷汗，才知劉瑾果然謀反。劉瑾被凌遲處死，親族十五人連坐誅死。爪牙張彩、焦芳等人也遭極刑。至此，這位「立地皇帝」終於當地下皇帝去了。

11 武三思害人如索命

小人大多本質上膽小。他們不怕奸惡的行動出什麼差錯，卻不能不害怕報復。設想中的報復者當然是被他們傷害的人。為此，他們必然會連續不斷地迫害被傷害者。

唐中宗李顯是一個庸懦無能的君主。神龍元年（七〇五年）重定後，他只顧享樂，朝政多由韋后操縱。一些奸偽之人應時而起，橫行不法。惡名最為昭著的奸雄就是被時人稱作「唐代司馬懿」的武三思。

武三思是武則天的侄子，武則天稱帝後，受封梁王，屢任高官。他「略涉文史，性傾巧便辟，善事人。」與薛懷義、張易之、張昌宗等佞臣狼狽為奸。

神龍元年初，張柬之等人發動政變，殺死了圖謀篡逆的張氏二兄弟，又逼迫武則天退位。但武三思在這場劇變中竟然毫髮未損。他多年的情婦上官婉兒此時被唐中宗拜為婕妤，「專掌制命」，「用事於中」。她將武三思引薦給韋皇后，兩人居然很快就勾搭成姦。

靠著這兩個女人的庇護，武三思不僅搖身一變，成為誅除二張的功臣，還進位司空，同中書門下三品，被「引入禁中」，與中宗、韋后等「圖議政事」，其權勢更高於則天朝之時。這廝本就驕橫，此時更加不可一世，接連幹出許多亂政害國之事。最令人髮指的罪行就是對張柬之等人的迫害。

張柬之、敬暉等五人是誅殺二張的主要功臣。中宗重定後，他們同居高位，「掌知國政」，權力很大。武三思對這些人又恨又怕，視若眼中釘、肉中刺。

在韋后支持下，武三思極力離間、破壞中宗與張柬之等人的關係。他利用中宗昏庸多疑的心理，幾次三番大進讒言；說張柬之等人「恃功專權，將不利於社稷」。中宗信以為真。武三思又抛出早已擬就的方案，讓中宗以尊崇功臣為名，同時免除了張柬之等人的官職，分別加封為王，賜予大量財物。張柬之等人從此成為「朝朔望」的閒人。武三思趁機奪取了朝中實權。

張柬之等人被罷官後，武三思並沒有停止對他們的迫害。他知道這些人在朝野影響甚大，如果在長安迫害他們，既難得手，又極易招來反對。因此，他千方百計，將張柬之逼出長安，對其他人則強行委以地方官職，將他們全部攆出京師。

神龍二年（七〇六年）三月，發生了王同皎刺殺武三思未遂的事件。武三思指使手下誣告張柬之等人與刺殺者同謀。六月，中宗下詔，將張柬之等人奪去封爵，分別貶到瀧州、新州、竇州、白州等嶺南邊州擔任司馬。

武三思見時機成熟，開始大施毒手。他指使爪牙寫了一份揭發韋后淫亂後宮之罪，要求廢黜韋皇后的匿名文章，命人將它貼在城南的一座橋上。中宗知道後，非常惱火。

武三思的另一爪牙、御史大夫李承嘉受命調查此案，他一口咬定此事乃張柬之等五人主謀，並說張柬之等人「雖欲廢后，實謀大逆」，想連中宗也同時廢黜，極力鼓動中宗誅殺張柬之等。誰知中宗對他們的話並不十分相信，便以自己賜給張柬之等人鐵券，「許以不死」為藉口，只對他們處以流放之刑。

武三思一計不成，又生一計，委派張柬之等人的仇敵周利貞以攝右臺傳御史之身出使嶺外。周利貞到達後，張柬之已死。他將全部惡氣發泄到其餘諸人的身上，對他們施以種種酷刑，最後分別殺死。

武三思殺害五王後，公然揚言：「我不知世間何者謂之善人，何者謂之惡人，但於我善者則為善人，於我惡者則為惡人耳。」這番話，便是他殘害異己，恃寵亂政的絕妙注腳。

當時，朝野之士對武三思的行為全看在眼裡，迫於他的淫威，沒有哪個敢站出來揭穿他。直到第二年，他要殺太子重俊，被太子重俊所殺後，才紛紛出言聲討。

12 韓侂冑陷害忠良，冷箭頻出

小人害人，自己通常並不出面，總是找個喜歡出頭露面之人搶先發難，他們則在背後坐鎮指揮。出頭露臉之人就是小人手中的冷箭。這些箭經常連環發射，使人防不勝防。

宋光宗紹熙元年（一一九〇年），皇后李氏請立皇子嘉王趙擴為皇太子。光宗請示退位的太上皇孝宗皇帝，遭孝宗反對。李后一時生恨，向光宗進言，說孝宗有廢立之意。光宗輕信婦言，從此再也不去朝拜他爹。甚至孝宗駕崩了，他也稱病不親去執喪。朝野上下一片騷亂。

知樞密院事趙汝愚欲擁立皇子嘉王為帝，為此事請示太皇太后，即高宗憲聖慈烈皇后。當時皇太后住在慈福宮，趙汝愚打算派一個能夠接近皇太后的人去請命。他想來想去想起一個人，那就是韓侂冑。這韓侂冑的母親是憲聖慈烈皇后的妹妹，他本人又和慈福宮的內侍張宗尹素來友好，趙汝愚想讓他透過張宗尹，把自己的想法祕密啟奏皇太后。

韓侂冑不敢怠慢，領計而行，來到慈福宮，找到張宗尹，奏明太后。太后卻說：「既然太上皇不允，豈可違反！」

第二天，韓侂冑又來到慈福宮，再勸太后，仍未獲命。他又急切又無奈地在宮門口徘徊不定。正在無計可施之際，重華宮提舉關禮由此經過，忙問其中緣故。韓侂冑不敢據實以告。關禮立刻指天發誓：「公儘管直言勿諱！我若能效力則效力，不能效力，也絕不會傳講出去！」韓侂冑便把事情的經過大致講了一遍。

關禮聽畢，當即入慈福宮叩拜太后，未曾講話，淚已先流。太后忙問：「怎麼啦？」關禮哭著說：「如今聖上有疾，朝內空虛，留丞相已去，可以依靠的只有趙知院。趙知院欲定大計，卻得不到太皇太后的旨意，只怕也要去朝請歸……」

太后聞言大驚：「知院本為同姓，怎麼會同普通人一樣呢？」關禮又說：「趙知院尚未請去，只因想仰恃太皇太后。如果您今日不許大計，他計無所出，也只有請去了。趙知院一去，天下又將如何？請太后設想一下！」

關禮的話使太后有所觸動。於是，她命關禮傳旨韓侂冑告訴趙汝愚，明日她將上朝垂簾頒旨。此時已是夕陽西下，薄暮依稀，趙汝愚馬不停蹄，命殿帥郭果招集所部兵士，夜裡分別守住南北內宮。

第二天，憲聖太后按喪次垂簾，令宰臣傳旨，命嘉王即位稱帝。嘉王即宋寧宗，即位後改元慶元。

寧宗登基以後，韓侂胄自以為定策擁立有功，總想分一點勝利的果實。趙汝愚卻說：「我是宋皇宗室，君乃后族至戚，擁立定策也是份內事，何以言功？唯爪牙之臣才當推恩請賞。」於是進郭果為節鐵。韓侂胄只遷了個宜州觀察使兼樞密都承旨。

為此事，韓侂胄心裡恨極了趙汝愚，赴任時滿腹怨氣。然而，憑藉傳導詔旨，他漸漸得到寧宗的寵信，心中又有幾分得意。他趁此時常搬弄是非，逞一點威風，很是受用。

煥章閣待制，南京鴻慶宮提舉朱熹看出了苗頭，對趙汝愚說，韓佗胄這種人應該以重賞酬其勞而慢慢疏遠他，否則將為其所害。趙聽了，微微一笑，並不放在心上。

這時，右正言黃度想上書彈劾韓詫胄，結果消息洩漏，反被韓侂胄斥去。朱熹又啟奏寧宗，說韓侂胄奸不可用。韓侂胄大怒，讓優人裝成峨冠闊袖的大儒，在寧宗面前嬉戲取樂。朱熹深感受辱，辭官而去。彭龜年請寧宗明鑑忠奸，逐韓侂胄以留朱熹，也被韓侂胄陷害謫貶。

不久，韓侂胄又進保寧軍承宣使，提舉佑神觀。自此，更加獨斷專行，任己用事。此時，當年趙汝愚抑其恩賞的舊事，他猶難從心頭拭去，每每思及，怒火中燒。

也是天賜良機。有一個叫劉強的人，曾與韓侂胄一同知閣門事。此人頗以詩文自負，什麼事都想參與，偏偏當年趙汝愚欲立嘉王時，只與韓侂胄單獨計議，沒理他，讓他心裡一直憤憤難平。他見韓侂胄對趙汝愚怨忿頗深，便從中挑撥：「趙相欲獨領擁策大功，您不但做不了節度使，只怕將來不免嶺海之行啊！」韓侂胄十分愕然，連問用何計策，可免其行。劉強慢悠悠地說：「只有用合諫了。」韓侂胄急不可耐地追問。「怎麼做？」劉強神祕地說：「御筆批出，不就完了嗎？」

韓侂胄茅塞頓開。他立即以「內批」除任所知劉德秀為監察御史，楊大法為殿中侍御史，罷吳獵監察御史，以劉三傑代任。從此，韓侂胄的黨羽充斥朝廷，壅塞上聽。趙汝愚的勢力被一點點削弱了。

韓侂胄並不滿足於已取得的成績，他希望能一舉把趙汝愚逐出朝廷。他向左丞相京鏜求計。京鏜說：「既然趙汝愚乃皇族宗室，那就誣以謀危社稷就可以了。」

韓侂胄依計，命右正言李沐上奏，說趙汝愚以同姓居相位，將對宗廟社稷不利。這位李沐昔日曾有求於趙汝愚，遭到拒絕，心生忌恨，韓侂胄不失時機地收買了他，又當作一支箭，把他射了出去。這一箭果然厲害。因為大凡為帝王者總是日夜提心吊膽，怕有人謀權篡位，寧宗也不例外。他看罷奏摺，腦筋連個彎也沒轉，就決定罷了趙汝愚的相位，謫永州。

韓侂胄當初求見趙汝愚，曾透過徐誼的大力舉薦。如今趙汝愚被罷相，韓侂胄生伯徐誼向朝廷翻出舊帳，又尋了個理由，將徐誼也一併逐出朝廷。

做了這一切之後，韓侂冑仍感無以解除後顧之憂，他想乾脆置趙汝愚於死地，以防他東山再起，報復自己今日之所為。於是，他索性一不做，二不休，又密諭衡州守臣錢鍪，等趙汝愚經過衡州時動手謀害。果然，不幾日以後，趙汝愚來到衡州。一路顛簸動盪，加之驟易水土，趙在衡州大病不起。錢鍪卻百般刁難。最後，趙汝愚暴病身亡。這下才大快韓侂冑之心，使他彷彿去了一塊心病，認為從此可以高枕無憂了。

這一年，韓侂冑拜少傅，被封為豫國公。其後再遷少師，封平原郡，進為太傅。官運亨通，他更加為所欲為。

開禧年間，透過陳自強、鄧友龍等人多次「請命」，韓侂冑升任平章軍國事，每三日一朝，在都堂位列丞相之上，尚書、門下、中書三省官印都收在他個人府第內。他還在家中私自設置機要房。更有甚者，時常偽作御筆，無論是官吏的陟黜任免，還是事關國家大政方針，他從未上奏寧宗，只任一己處置。

眾臣看在眼裡，敢怒而不敢言。後來在金國的示意下，韓侂冑被楊皇后和史瀰遠設計殺之。

國家圖書館出版品預行編目資料

再鐵的交情也要留個底線／方東野 校訂 -- 初版 --
新北市：新潮社文化事業有限公司，2024.12
面；　公分
ISBN 978-986-316-925-3（平裝）
1.CST：人際關係　2.CST：成功法

177.3　　113014741

再鐵的交情也要留個底線

方東野　校訂

企　　劃　天蠍座文創製作
出　　版　新潮社文化事業有限公司
電話 02-8666-5711
傳真 02-8666-5833
E-mail：service@xcsbook.com.tw

總 經 銷　創智文化有限公司
新北市土城區忠承路 89 號 6F（永寧科技園區）
電話 02-2268-3489
傳真 02-2269-6560

印前作業　東豪印刷事業有限公司
印刷作業　福霖印刷企業有限公司

初　　版　2025 年 02 月